CHRISTIAN HEMSCHEMEIER

Die neue Dimension der Liebe

arkana

CHRISTIAN HEMSCHEMEIER

DIE NEUE DIMENSION DER LIEBE

Wie wir uns in Beziehungen wahrhaftig berühren, zutiefst verbinden und gemeinsam wachsen

arkana

Sollte diese Publikation Links auf Webseiten Dritter enthalten,
so übernehmen wir für deren Inhalte keine Haftung,
da wir uns diese nicht zu eigen machen, sondern lediglich
auf deren Stand zum Zeitpunkt der Erstveröffentlichung verweisen.

Die hier vorgestellten Informationen und Ratschläge
sind nach bestem Wissen und Gewissen geprüft.
Dennoch übernehmen Autoren und Verlag
keinerlei Haftung für Schäden irgendeiner Art,
die sich direkt oder indirekt aus dem Gebrauch
dieser Informationen, Tipps und Ratschläge ergeben.
Im Zweifelsfall holen Sie bitte ärztlichen Rat ein.

MIX
Papier aus verantwortungsvollen Quellen
FSC® C014496

Penguin Random House Verlagsgruppe FSC® N001967

1. Auflage
Originalausgabe

in der Penguin Random House Verlagsgruppe GmbH,
Neumarkter Straße 28, 81673 München
Lektorat: Ralf Lay
Umschlaggestaltung: ki 36 Editorial Design, München, Daniela Hofner
Umschlagmotive: Fond: © Art Mara / creative market;
Herz-Illustration: © Daniela Hofner
Satz: Satzwerk Huber, Germering
Druck und Bindung: GGP Media GmbH, Pößneck
Printed in Germany
ISBN 978-3-442-34291-4
www.arkana-verlag.de

Besuchen Sie den Arkana Verlag im Netz
MOMENTS of Happiness litlounge tv SINN SUCHER

Inhalt

Einleitung

Dieses Buch handelt von der wirklichen Liebe. Diese Liebe ist universell, sie ist letztlich der Stoff, aus dem wir alle gemacht sind. Es gibt keine Grenzen und keine Beschränkungen dieser hohen Form der Liebe. Ich fokussiere mich vor allem auf die körperliche (romantische) Liebe in unseren materiellen dualen Ebenen und ihren Übergang aus derzeitigen Täter-Opfer-Energien. Ihr dienen diese Zeilen, und sie richten sich an jeden, der sich für diese Form der Liebe interessiert, egal, welche sexuelle Ausrichtung du hast und in welchem Beziehungskonstrukt du gerade bist (dazu gehört natürlich auch das Singledasein).

Es ist mein drittes Buch, und über die Jahre bin ich immer mehr zu einem Grenzgänger zwischen Psychologie und Spiritualität geworden. Ich liebe es, Übereinstimmungen zwischen diesen Welten zu finden, und doch haben sie jede ihre ganz eigene Berechtigung. Hier werden wir diesen Weg konsequent zusammen gehen. Warum ich über Psychologie schreibe, dürfte leicht zu verstehen sein, wenn man meinen Ausbildungshintergrund als Psychologe und Psychotherapeut sieht. Dies ist aber letztlich eine Welt des Verstandes, die mich beruflich wie persönlich irgendwann nicht mehr so richtig weitergebracht hat. Seit ein paar Jahren arbeite ich zunehmend mit »spirituellen Coaches« beziehungsweise Medien. Das adressiert in erster Linie das Herz und eröffnet völlig neue Einsichten, aber auch vor allem zumindest für mich ein Gefühl, nach Hause gekommen zu sein. Natürlich hat dieser spirituelle Weg auch seine Tücken, doch ich finde, er ist eine hervorragende Ergänzung.

Immer noch würde ich jedoch sagen, selbst der spirituellste Weg muss sich im Alltag irgendwo bewähren, und wenn es nur darum geht, dass wir uns wohler fühlen. Die spirituelle Sicht hat mir sehr geholfen zu verstehen, wo wir mit unseren Beziehungen hingehen können (wenn wir das wollen). Das ist ein aufregender, wunderschöner Prozess.

Zur besseren Lesbarkeit verwende ich im Folgenden die Begriffe »männlich« und »weiblich« und adressiere die Beziehung zwischen Mann und Frau. Die besprochenen Konzepte gelten aber uneingeschränkt auch für gleichgeschlechtliche Verbindungen oder anderweitige diverse Konstellationen. »Männlich/weiblich« kann man für sich auch übersetzen in »Yin/Yang« oder alternative Begriffe, welche die grundsätzlich duale respektive polare Natur unserer Realität beschreiben. Ich verwende aus ähnlichen Gründen das generische Maskulinum, damit sind aber – wie grammatisch ja auch vorgesehen – natürlich zu jedem Zeitpunkt gleichwürdig männliche, weibliche und diverse Menschen gemeint.

In diesem Buch gibt es viele Themen, die den ein oder anderen »triggern« können, weil die »Liebe in 5D« auf den ersten Blick sehr kontrovers erscheint – und weil heute, in pandemischen Zeiten, die Menschen scheinbar permanent vorgespannt sind. Ich bitte deshalb darum, dieses Buch möglichst unvoreingenommen und mit dem Herzen zu lesen, dann wird es sich dir am besten öffnen!

Dystopia

Wer die Nachrichten schaut, kann eigentlich nur verzweifeln an der Welt. Klimakatastrophe, Kriege, Corona und so weiter und so fort. Dabei leben wir in einem vergleichsweise (noch) friedlichen Land, haben eine funktionierende medizinische Versorgung und sind in aller Regel finanziell abgesichert – wobei auch das in diesen Zeiten sehr zu wanken scheint. Man muss in der Geschichte nur etwas über hundert Jahre zurückgehen und sich vergegenwärtigen, wie das Leben war ohne die Errungenschaften der Medizin, moderne Operationsmethoden oder Hygienemaßnahmen nach heutigem Standard. Kein Wunder, dass die statistische Lebenserwartung nur halb so hoch wie jetzt war. Auch eine über so viele Jahrzehnte währende Zeit des Friedens hat es in Mitteleuropa lange nicht mehr gegeben. Trotzdem sind viele Menschen kreuzunglücklich, die psychischen Erkrankungen haben schon vor Corona massiv zugenommen und seitdem noch mal mehr.

Auch im Beziehungsbereich läuft es scheinbar nicht so prickelnd. Wenn ich auf einem großen Nachrichtenportal Artikel über toxische Beziehungen veröffentliche, haben die unglaublich viele Aufrufe. Scheinbar sind viele nicht so richtig glücklich mit ihren Partnerschaften, teilweise sogar extrem unglücklich.

Vielleicht fragst du dich, ob früher alles besser war. Ich denke, es war nicht besser, es war wohl noch schlimmer, weil die Menschen in der Regel nicht rauskonnten aus ihren Beziehungen. Es leben noch (Ur)großeltern, die einem viel haarsträubendere Geschichten erzählen können, als man sie selbst erlebte. Mein Vater hat nach wie vor Albträume von der gefährlichen Nachkriegszeit, als in seinem Ort Gefangenenlager aufgelöst wurden. Oder als die siebenköpfige Familie nichts zu essen hatte.

Damals gab es genauso und wahrscheinlich noch mehr toxische Beziehungen und überhaupt ganz andere, rohe Arten der Konfliktbewältigung bei Paaren. Aber es gab auch kein Internet, in dem darüber berichtet wurde und in dem man sich problemlos hätte informieren können, und es existierten auch keine Strukturen dafür, dass man einigermaßen geordnet eine Beziehung verlassen konnte, wenn man das wollte. Es gab keine Telefonseelsorge und keine Mobbingbeauftragten und schon gar keine Paartherapie. Falls meine Eltern sich hätten trennen wollen, wäre das mit erheblichen beruflichen und privaten Konsequenzen verbunden gewesen – für beide.

Es wird ja andererseits auch gern gesagt, die auf romantischer Liebe gegründete Beziehung sei eine Erfindung der Moderne. Nun, es mag sein, dass früher Ehen in der Regel stärker familiär vermittelt wurden. Aber das wird kaum heißen, dass man sich nicht in jemand anders verliebte, auch wenn man das vielleicht nicht ausleben konnte. Die romantische Liebe ist definitiv keine neue Erfindung, es gab sie schon immer, auch wenn sie nicht realisiert werden konnte.

Heute ist die Liebesbeziehung für viele fast schon der moderne Heilige Gral, auf den sich alle Erlösungswünsche richten. Dennoch haben wir unser Paradies noch nicht gefunden, auch wenn wir, glaube ich, durchaus auf einem guten Weg sind. Noch zu sehr suchen wir das Glück im Außen und beim anderen und scheitern dabei immer wieder. Man kann im äußeren Überfluss sein, man kann viele Menschen daten und sich trotzdem allein und depressiv fühlen. Solange wir nicht den tiefen Brunnen des eigenen Liebesstroms in uns angegraben haben, ist es schwierig, wirklich einigermaßen dauerhaft glücklich zu sein in dieser Welt.

Ich denke, es ist an der Zeit, dass wir uns auf den Weg der Heilung, der inneren Fülle begeben und eintauchen in die neue Dimension der Liebe. Dieses Buch soll helfen, sich aus dem emotionalen Dystopia der Menschheit (der dritten Dimension, 3D oder Welt der Täter-Opfer-Beziehungen und tiefen Verwurzelung in der Materie; gr. *dýs* [übel, krankhaft] und *tópos* [Platz, Stelle]) ein für alle Mal zu befreien, um über einen Transformationsprozess und einen höheren Grad an Bewusstheit (4D) schließlich in einer lichtdurchfluteten friedlichen Welt der fünften Dimension anzukommen (5D oder spirituelle Welt beziehungsweise unserem wirklichen Zuhause).

Utopia

An den Anfang eines 5D-Buches gehören einfach ein paar Worte über eine Utopie, die wir uns alle erschaffen können (gr. *ou* [nicht] und *tópos* [s. o.], eigtl. »das Nirgendwo«). Und ich bin mir ganz sicher, wir sind auf dem Weg dorthin. Aber angelangt sind wir da definitiv noch nicht.

Lass uns doch mal ein verrücktes Gedankenexperiment starten. Von irgendwoher müssen wir ja kommen. Wenn du dieses Buch in der Hand hältst, glaubst du wahrscheinlich auch nicht, dass wir ein »zufällig« zusammengewürfelter Haufen Atome mit ein bisschen Biochemie sind. Nehmen wir doch mal an, wir sind Seelen auf der Suche, sich immer neu auszuleben und auszudrücken. Liebe, die sich immer neu erfinden will. Um dies zu tun, müssen wir überhaupt erst mal Wünsche erfahren, ohne Wünsche kann man sich ja schlecht etwas erschaffen wollen. Wenn es Wünsche gibt, gibt es natürlich den Zustand, in dem man diesen Wunsch noch nicht erfüllt hat. Und damit entsteht mindestens ein klitzekleines bisschen Mikro-»Leid«, das uns antreibt. Man könnte es auch neutraler eine Art »Reibung« nennen, die wir positiv auflösen wollen, um das Ergebnis dann zu genießen. Bis wieder neue Wünsche erwachen. Ohne diese Reibung würde nichts entstehen, und es gäbe keinerlei Kreativität und Aktivität. Wenn wir einfach eine hundertprozentig zufriedene Blase wären in einem Riesenozean, wo sollte da etwas Neues entstehen? Die Größe dieser Reibung bestimmt auch das Ausmaß der nötigen Kreativität (und ebenso Schaffenskraft, wie wir sehen werden), diese Reibung aufzulösen.

Die drei Dimensionen, die wir in diesem Buch besprechen werden, haben also nichts mit Raumdimensionen zu tun. Es sind einfach Erfahrungsräume, von denen keiner per se besser oder schlechter ist. Sie haben jedoch eine unterschiedliche Dichte. Das heißt, die Reibung, die in diesen Räumen entsteht, ist unterschiedlich groß. Je höher die Dichte, desto mehr Reibung entsteht. Außerdem wird die »Materie« mit mehr Dichte träger, es dauert länger, und es braucht vor allem mehr kreatives Potenzial, Einfluss darauf zu nehmen. Das ist der Prozess, der unser Universum in einem spirituellen Sinne größer werden lässt.

Dies alles ergibt nur Sinn auf der Seelenebene. Das heißt, nur wenn wir uns als unsterbliche Seelen verstehen, die sich vorgeburtlich (pränatal) vorgenommen haben, bestimmte Erfahrungen in der polaren Welt zu machen. Zu diesem Zweck erfüllen wir in der aktuellen Inkarnation bestimmte vorher geschlossene Kontrakte, zum Beispiel mit anderen Seelen, die mit uns in die materielle Welt kommen und uns vor mehr oder weniger große Herausforderungen stellen (lat. *incarnatio* [Fleischwerdung, kirchenlat. Menschwerdung]).

Ich denke also, wir alle sind freiwillig auf dieser an sich wunderschönen Erde und wollen dieses verrückte Spiel mitspielen – wobei wir vergessen, was für hervorragende lichtvolle Schöpferwesen wir sind und welche vorgeburtlichen

Vereinbarungen wir getroffen haben – und in der dichten Tiefe dieser im spirituellen Bereich häufig sogenannten dritten Dimension unsere Erfahrungen machen: Wie ist es, wenn wir *nicht* in Lichtgeschwindigkeit erschaffen können? Wie ist es, wenn man sprichwörtlich ganz unten aufgekommen ist – und dann ganz langsam realisiert, wie mächtig man ist, und wieder aufsteigt? Was für wunderbare Welten kann man dabei erschaffen? Was für eine verrückte Reise wäre das? Der Himmel ist etwas, was wir hier erschaffen wollen, und nicht etwas, in das wir uns in religiöser Abwendung flüchten.

Du fragst dich vielleicht: Wie kann die Liebe siegen in solch einem Chaos, das es hier auf der Erde gibt? Und ich meine wirkliche, echte Liebe, nicht nur diese verkrüppelte Ego-Version, die wir meistens erleben.

Ich glaube, viele von uns haben sich entschieden, jetzt mal weiterzugehen und die dritte Dimension der Liebe, die das Spielbecken der Täter-Opfer-Beziehungen ist, hinter sich zu lassen. Dieser Übergang, in dem wir gerade sind, ist sehr rumplig und fordert uns extrem viel ab.

Ich denke, viele wollen jetzt in den Bereich gehen, den die spirituelle Welt gern die »fünfte Dimension« nennt. Interessanterweise kann ich mir das im Zusammenhang mit zwischenmenschlichen Beziehungen sehr gut vorstellen. Man braucht nicht mal viel Spiritualität, um sich das herzuleiten, es reicht auch Psychologie, aber die Spiritualität macht es einfach so viel bunter und schöner. Das Buch ist dem Ziel gewidmet, dir diese fünfte Dimension schmackhaft zu machen, sodass du dich schon mal darauf freuen kannst. Es soll aber auch erklären, warum es in dieser Übergangszeit, die wir die »vierte Dimension« nennen, scheinbar manchmal eher schlimmer zu werden scheint.

Wenn wir in der fünften Dimension beziehungsmäßig ankommen respektive uns das erschaffen haben, werden wir wieder im Herzen sein und nicht mehr so auf das Ego hören. Wir haben unser Bestes genauso im Blick wie das Beste der anderen. Wir sind in einer übersprudelnden Fülle und wollen einfach nur abgeben davon, weil es sich so gut anfühlt. Wir sehen keinen Sinn mehr darin, andere aus Angst oder Machtansprüchen zu manipulieren. Trennungen werden ihre Schärfe verlieren, weil wir uns auch mit uns selbst wohlfühlen und wissen, dass wir uns immer wieder neue Beziehungen (auch Beziehungsformen) erschaffen können. Und wenn wir das *in the hood* hinbekommen, also im Privaten, werden auch unsere Gesellschaftsstrukturen unweigerlich menschenfreundlicher werden.

Der Weg dorthin birgt aber einige Fallstricke, und auch wenn ich überzeugt bin, dass wir da am Ende ankommen werden, möchte ich helfen, den Weg so angenehm wie möglich zu gestalten.

Die Krise der Beziehungsstrukturen

Wie man es auch dreht und wendet, unsere bisherigen Beziehungsstrukturen befinden sich im Umbruch. Das Private ist wie gesagt die Keimzelle für alles, und wenn wir in unserem Alltag Strukturen infrage stellen, wird das sicher auch gesellschaftliche Strukturen verändern.

Da ist zunächst mal die gute alte Ehe. Ja, es heiraten auch noch viele junge Menschen, aber die Scheidungsrate bleibt nach wie vor sehr hoch. Diese Rate hat sich zwischenzeitlich allerdings wieder etwas erholt und liegt derzeit etwas über 30 Prozent.

Gerade von jungen Klienten höre ich auch immer wieder etwas von einer »neuen Romantik« und dem Wunsch nach mehr Zweisamkeit und Intimität. Auf der anderen Seite gibt es aber auch zunehmend mehr Menschen, die es wagen, ungewohnte Wege zu gehen in Richtung mehr offener Beziehungen oder Polyamorie (gr. *polýs* [viel], lat. *amor* [Liebe]) eine Form des Liebeslebens, bei der einer zu mehreren Partnern eine Beziehung pflegt, was allen Beteiligten bekannt ist und einvernehmlich gelebt wird. Man könnte durchaus sagen, die Variabilität der Beziehungsstrukturen nimmt immer mehr zu, vor allem in den nachwachsenden Generationen.

Nur dass noch viele Ehen existieren, sagt natürlich nichts darüber aus, wie gut es in diesen Ehen läuft. Was neue Studien nämlich auch sagen, ist, dass es immer mehr Untreue gibt und vor allem die Frauen in diesem Bereich inzwischen sogar die Männer überholt haben. In der repräsentativen Elitepartner-Studie von 2020 gaben 31 Prozent der Frauen und 29 Prozent der Männer an, ihre Partner bereits betrogen zu haben.[1] In vielen Umfragen liegen die Werte noch deutlich höher. Dabei zeigen sich interessante weitere Teilergebnisse: Am meisten gehen die Menschen in den Dreißigern und Vierzigern fremd. Aber auch hier unterscheiden sich die Geschlechter. Bei Frauen gibt es eine deutliche Klimax in den Dreißigern, bei Männern steigt die Seitensprungrate kontinuierlich bis in die Fünfziger und Sechziger.

Auch bei den Gründen für das Fremdgehen gibt es deutliche Geschlechterunterschiede: Frauen geben eher emotionale Gründe an, bei Männern ist es häufiger schlicht der Wunsch nach Abwechslung beziehungsweise einfach die Gelegenheit. Hostessen auf Businessmessen können ein Lied davon singen, so viele Nummern bekommen sie zugesteckt …

Nun, wie kann man diese Daten zusammenfassen und interpretieren? Ich denke, man sieht hier eines: Es sind die

Strukturen, die sich in einer Veränderung befinden. Es ist bestimmt nicht die Liebe, die in einer Krise steckt. Wir alle sind aus Liebe gemacht, aus Ursprungsenergie, die nichts anderes ist als Liebe. Wir alle sehnen uns nach echter Liebe. Jeder will sie. Aber die »echte« Liebe ist eben nicht deckungsgleich damit, was wir in unseren Partnerschaften leben oder im Bereich romantischer Kontakte erleben. Es zeigt sich halt immer mehr, dass es viele Wege gibt und nicht »den einen«, der für jeden passt. Wenn aber ein Drittel oder, wie manche sagen, fast die Hälfte der Menschen fremdgeht und für erhebliche psychische Verletzungen sorgt, dann muss man ja schon beinah vom neuen »Normal« sprechen. Dann sollte man sich fragen – und das werden wir in diesem Buch tun –, was hier nicht mehr zusammenpasst und welche Entwicklungen sich so auf konflikthafte Weise Bahn brechen.

Toxische Beziehungen

Es ist wirklich interessant: Als ich mit meinem YouTube-Kanal 2015 anfing, da tauchte das Wort »toxisch« in Deutschland nur im Zusammenhang mit Chemie oder Biologie auf (gr. *toxikón* [Gift, Pfeilgift]). Ich hatte es bei meinen Recherchen in den USA aufgespürt und fand es genial, weil es das offensichtlich Giftige an diesen Beziehungen so treffend beschreibt. In meinem YouTube-Kanal dreht sich nach wie vor sehr viel darum, und auch in meinen beiden ersten Büchern bin ich sehr intensiv auf diese Dynamiken eingegangen. Das Wort ist mittlerweile nahtlos in den allgemeinen Sprachgebrauch übergegangen. Meine Artikel zu diesem Thema beim RND (Redaktionsnetzwerk Deutschland) erreichen regelmäßig Spitzenwerte. Das liegt natürlich nicht nur daran, dass ich so tolle Artikel schreibe (Spaß!), sondern weil das Thema den Menschen derart unter den Nägeln brennt und sie sich so gesehen fühlen damit.

Ich persönlich reserviere den Begriff »toxisch« gern für die wirklich absolut gruseligen koabhängig-narzisstischen Beziehungen, in denen eine extreme Liebessucht auftritt und man unter Umständen bald nicht mehr richtig essen, arbeiten oder schlafen kann. Und schließlich mit einem Horror-Liebeskummer konfrontiert wird. Ich spreche *nicht* von toxischer Beziehung, wenn ich einfach mal zurückgewiesen werde und mir das nicht gefällt.

Koabhängigkeit und Narzissmus

Unter dem Begriff »Koabhängigkeit« beziehungsweise »Co-Abhängigkeit« versteht man ursprünglich die Situation des engen Umfelds von Suchtkranken (also die Lage ihrer Partner, Kinder oder Eltern). Inzwischen hat sich die Bedeutung des Begriffs erweitert: Er bezeichnet auch eine Liebes- oder Beziehungssucht, die im Extremfall so weit gehen kann, dass man an einer Partnerschaft festhält, obwohl man an ihr zu zerbrechen droht. Oft sind auf der anderen Seite dann entsprechend Partner mit Persönlichkeitsstörungen oder anderen psychischen Störungen, die manipulative Verhaltensweisen an den Tag legen, zum Beispiel Narzissten.

Unter »Narzissmus« versteht man alltagspsychologisch die Selbstverliebtheit und Selbstbewunderung eines Menschen, der sich für bedeutender einschätzt, als neutrale Beobachter ihn sehen. Der Begriff steht in Verbindung mit vielen psychologischen, philosophischen und anderen Konzepten.

Er ist abgeleitet vom antiken Mythos um den Jüngling Narziss, der alle Verehrerinnen und Verehrer abweist. Ein so Verschmähter ruft die Götter an, und die Rachegottheit Nemesis bestraft Narziss mit unstillbarer Selbstliebe: Er verliebt sich in sein eigenes Spiegelbild.

Insgesamt ist der Begriff »toxisch« eine Art Synonym geworden für Beziehungen, bei denen es zwar eine starke Bindung gibt, aber die Beziehungsebene einfach sehr schmerzhaft ist oder nicht funktioniert. In denen es zu vielen Streitigkeiten, verbalen oder manchmal sogar physischen Verletzungen kommt und man sich einfach nicht gesehen fühlt. Da die Bindung so stark ist, findet man aufgrund häufig eigener Verlustängste und Defizite im Bereich der Selbstliebe kaum einen Weg heraus. Es gibt zwar viel sexuelle Chemie, aber wirkliche Liebe erlebt man eigentlich nicht. Wenn man ehrlich ist, wird man sehen, dass diese Art von Beziehungen recht wenig mit Liebe zu tun haben und schon gar nichts mit

Selbstliebe. Würde man sich selbst von Herzen lieben, wäre man nämlich nicht in einer solchen Verbindung.

Im Bereich »normalerer« Beziehungen gibt es auch abgeschwächt ein ähnliches Phänomen. Hier verwende ich ganz gern den Begriff »überaktiviert«. Das heißt ganz grob zusammengefasst, die Partner sind oft noch gute Liebhaber füreinander, aber nicht so gute Freunde. Wichtig ist mir, dass es hier nicht um eine moralische oder sonstige Wertung geht. Man könnte sagen: Jede toxische Beziehung ist überaktiviert, aber nicht jede überaktivierte Beziehung ist immer toxisch. In der Paartherapie kann man aus meiner Sicht nicht viel dafür tun, wirklich toxische Beziehungen zu retten (eigentlich schlicht und ergreifend gar nichts). Rein überaktivierte Beziehungen in einer respektvollen Partnerschaft sind eine schöne Indikation für eine Paartherapie. Toxische Beziehungen nicht!

Was immer wieder gern vergessen wird, ist: Meist fühlen sich die Partner in einer toxischen Beziehung nicht wirklich gut. Oft sind diese Beziehungen für beide sehr frustrierend, auch wenn die Veränderungsbereitschaft unterschiedlich ausgeprägt ist. Der Grund, warum diese Beziehungen so unglücklich sind, liegt letzten Endes darin, dass sie auf dem Ego beruhen und nicht auf echter Liebe oder, wie ich gern sage, einem »3D-Verständnis von Beziehungen«.

Ich nenne diese Beziehungen auch gern »Täter-Opfer-Beziehungen«, weil es ein ewiger Kreislauf zwischen diesen beiden Rollen ist. Doch wenn man einmal verstanden hat, dass auch die Opferposition ein Teil dieser Dynamik ist, dann ist man einen riesigen Schritt weitergekommen.

In toxischen Beziehungen kommt es häufig zur Verbindung von zwei unsicheren Bindungsstilen. Von diesen Stilen gibt es insgesamt vier: die sichere Bindung, die unsicher-vermeidende Bindung (Bindungsangst), die unsicher-ängstliche Bindung (Verlustangst) und einen desorganisierten Bindungsstil (mal die Angst, mal jene Angst). In toxischen Beziehungen kommt es in aller Regel zu einem Match zwischen einem Verlustängstler und einem Bindungsängstler mit entsprechend heftigen Folgen, weil sich beide Pole tiefer reintreiben in ihre Dynamiken.

Vonseiten der Wissenschaft und Beratung beziehungsweise Therapie wird dann meistens empfohlen, sich eine sichere Bindung zu suchen. Das eigene unsichere Bindungsmuster kann sich oft beruhigen an der Seite eines sehr stabilen Partners. Wenn man dann aber eine solche ruhige Beziehung ohne Drama gefunden hat, lugt doch irgendwann bei manchen ein neues Problem hervor: Die Beziehung ist dann »zu ruhig«, vielleicht sogar regelrecht langweilig.

Diese Problematik hängt auch viel damit zusammen, dass man sich in toxischen Beziehungen an hohe Dosen interner Stresshormone gewöhnt. Auch das Hin und Her kann regelrecht süchtig machen, und die internen Rezeptoren in unserem »Spaßzentrum« dürfen erst mal wieder zur Ruhe kommen. Aber ist damit wirklich alles gesagt über diese »zu ruhigen« Beziehungen?

Unerfüllte Beziehungen

Tatsächlich gibt es auch bei Menschen, die nie eine toxische Beziehung hatten, diese unerfüllten Beziehungen. Ich nenne sie dann ganz gern »unteraktivierte Verbindungen«. Diese machen einen großen Teil der Klienten in meiner Paartherapie-Praxis aus. Oft verstehen sie sich prächtig über lange Zeit. Sie sind wie gute Freunde, aber die Sexualität leidet immer mehr und verschwindet oft ganz. Die meisten Paare in diesen Beziehungen verbringen viel, vielleicht zu viel Zeit miteinander; oder sie arbeiten auch zusammen. Man kann sagen: Sie sind gute Freunde, aber schlechte Liebhaber. In die Paartherapie kommen die Betroffenen, wenn sie sich mit der sexuellen Abstinenz nicht mehr arrangieren wollen oder wenn sich einer der beiden anderweitig verliebt, was dann sehr heftig ausfallen kann. Plötzliche Trennungen sind hier keine Seltenheit. Man könnte auch sagen: Die Beziehung ist eigentlich sehr gut gewesen, aber die Bindung war interessanterweise nicht so stabil.

Ein weiteres Thema in diesen Beziehungen sind Regeln. Während in toxischen Beziehungen Vereinbarungen oder allgemein menschliche Regeln des friedlichen Zusammenlebens quasi täglich gebrochen werden, scheint es in diesen unteraktivierten Beziehungen ein Set von Normen zu geben, die eigentlich nie hinterfragt werden. Man ist zum Beispiel halt verheiratet und hat Kinder, und dann muss man eben zusammenbleiben. Das Gras sei woanders auch nicht grüner, wird dann oft gesagt. Und dass man keinen Sex mehr hat, ja, das ist doch überall so … oder?

Die eigenen Wünsche nach Leidenschaft oder auch einfach nur Abwechslung werden lange unterdrückt, bis dann die sogenannte Midlife-Crisis an die Tür klopft. Der Begriff der *Krise* in der Lebensmitte ist dabei aus meiner Sicht etwas irreführend. Diese Phase umfasst eine feste Lebenszeit, ähnlich wie die Pubertät, in der wichtige Entwicklungen stattfinden. Sie ist wirklich eine Option für eine durchaus gesunde Auseinandersetzung mit sich und für alle Beteiligten. Es ist einfach völlig legitim, sich zu überlegen, ob man jahrzehntelang mit nur einem Partner zusammen sein möchte. Diese Impulse werden dann aber als »verboten« wahrgenommen und laden sich dadurch nur noch weiter auf. Wenn man versteht, wie schwierig es ist, die freundschaftlichen und leidenschaftlichen Impulse in einer Beziehung für beide Seiten zu vereinen, versteht man, warum so viele Menschen in Gefahr sind fremdzugehen.

Das Ego ist übrigens keineswegs raus aus den ruhigen Beziehungen. Das Ego liebt ja das Drama, die ständige Abwechslung, den immer neuen Kick. In diesen ruhigen Beziehungen fehlt das, und diese Abwesenheit führt zu ebenjener »Langeweile«. Langeweile ist leider auch assoziiert mit dem Ego beziehungsweise unserem Weg der Überwindung des Egos. Tieren ist komischerweise selten langweilig. Eine Kuh kann den ganzen lieben langen Tag Gras fressen, ohne dass es sie anödet. Auch von erleuchteten Menschen, die über das

Ego hinausgehen, hört man nichts von Langeweile. Ob die Leute sich früher gelangweilt haben, wenn sie wahrscheinlich meistens um ihr Überleben kämpften? Ich bezweifle es. Langeweile ist wohl ein Symptom unserer Zeit. Aber Langeweile zeigt halt auch: Hier ist grundsätzlich schon Platz für etwas Neues, für Kreativität.

Es kann wirklich sehr irritierend sein, in einer guten freundschaftlichen Beziehung zu sein und doch Wünsche zu haben, die da einfach nicht reinpassen. Es ist eine Riesenchance für Paare, sich damit wirklich auseinanderzusetzen und daran zu wachsen. Es gibt auch nicht die *eine* richtige Lösung dafür. Aber einfach zu sagen: »Das darf nicht sein«, wird unserer kreativen Schöpferkraft nicht gerecht. Es gibt viele Möglichkeiten, die eigene Beziehung wieder spannender zu gestalten. Aber auch hier brechen Strukturen auf, dass sich Menschen trauen, dann mal *out of the box* zu denken – und auch mal ganz neue Gedanken über andere Beziehungsmodelle zu erforschen.

Die dritte Dimension: Jahrtausende des Egos in Beziehungen

Wenn wir uns ganz in der Tiefe anschauen wollen, warum wir so ins Trudeln geraten sind, müssen wir mal eine vertiefte Betrachtung über das Ego machen. Man denkt vielleicht: Was hat das Ego denn so viel mit unserer Liebe zu tun? Nun, sehr viel, aber wir müssen das Ego zunächst zu definieren versuchen. Im Englischen sind die Begriffe »Ich« und »Ego« ja recht eng zusammen (*ego* heißt im Lateinischen auch einfach »ich«). Das scheint vielleicht auf den ersten Blick selbsterklärend, ist es aber nicht. Es ist tatsächlich eine quasi unbewusste Entscheidung, die wir jeden Morgen treffen, wenn wir aufwachen: nämlich dass wir unser »Ich-Gefühl« wieder im Ego verorten. Was durchaus nicht die einzige Möglichkeit ist. Wenn wir uns dieses Ich mal anschauen wollen, sollten wir auf jeden Fall in der Tiefenpsychologie beginnen, wo diese spannenden Erörterungen eigentlich ihren Ursprung haben.

Das Ego in der Tiefenpsychologie

Sigmund Freud

Sigmund Freud (1856–1939) war eine wirklich schillernde Person. Klar, in vielem geht die Psychotherapie heute andere Wege. Aber man muss mal sehen, was dieser Mensch geschaffen hat und wie innovativ er war. Er war im Übrigen auch viel unkonventioneller, als die Psychoanalyse es heute vermuten lässt.

Freud schuf die berühmte Dreiteilung von Es, Ich (Ego) und Über-Ich. Die ganze Theorie hat gewissermaßen etwas Düsteres. Freud sah im Grunde nur zwei Triebe, die antagonistisch wirken: Eros (Sexualität und Selbsterhaltung, »Lebenstriebe«) versus Thanatos (Streben nach Zurückführung des Lebens in den anorganischen Zustand, »Todestrieb[e]«; gr. *thánatos* [Tod]). Das Es ist eine Ansammlung anarchischer Energien, die erst durch das Ich wie durch ein Ventil gebündelt werden müssen, um einigermaßen gesellschaftsfähig zu sein. Freud nennt das Es ein »Chaos, einen Kessel voll brodelnder Erregungen«.[2] Das Ich muss auch mit der dritten Instanz verhandeln, dem Über-Ich. Das Über-Ich ist der Sitz erworbener Regeln, Normen und Gebote.

Freud sagte, das Es sei wie ein wildes Pferd und das Ich idealerweise der Reiter. Das Es arbeitet nach dem Lustprinzip, während das Ich nach dem Realitätsprinzip agieren muss. Auch das Ich möchte schöne Dinge erleben und Schmerzen vermeiden. Es ist bei Freud auch tatsächlich »ego-istisch«, weil es in sich kein Konzept von Richtig oder Falsch hat. Wenn man so will, ist das Es das Teufelchen auf der Schulter, das sinnlosen Spaß haben will. Das Über-Ich ist das Engelchen, das ethisches Verhalten einfordert … und das Ich hängt dazwischen. Die Situation kennen mit Sicherheit viele, und dieses Bild passt auch gut zu dem Feld zwischen toxischen (viel Es) und langweiligen, überregelten Beziehungen (zu viel Über-Ich).

Insgesamt wird aber vielleicht deutlich, dass dieses Konzept doch recht negativ und pessimistisch ist. Klar, keine Landkarte ist das Gleiche wie das Gebiet, das sie darstellt; aber wenn die Landkarte schon einen Blick auf den Menschen hat, dass er eigentlich gezähmt werden muss, ist das vielleicht doch etwas einschränkend. Das Modell fühlt sich nicht gerade überschäumend euphorisch an, wo wir doch so gern hinkommen wollen.

C. G. Jung

Ich muss gleich vorwegsagen: Ich *liiiebe* Jung! Vor ihm habe ich wirklich Hochachtung. Er hat es mühelos geschafft, ein erstes Mal Psychologie und Spiritualität zusammenzubringen. Bei C. G. Jung (1875–1961) steht am Anfang des Lebens noch eine innere Einheit, die sich aber so nicht halten lasst aufgrund der notwendigen Entwicklung des Egos. Das

Ego ist auch hier erforderlich, um seinen Platz in der Gesellschaft zu finden. Dieser Prozess nimmt die erste Lebenshälfte ein.

Jung hat auch ein Konzept des *persönlichen* Unbewussten, das alle psychischen Erfahrungen und Inhalte beschreibt, die nicht das Bewusstsein respektive das Ich in seiner wahrnehmbaren Art und Weise betreffen. Außerdem gibt es bei ihm aber auch das Konzept des *kollektiven* Unbewussten – eine unbewusste psychische »Grundstruktur« des Menschen. Dieser Bereich des Unbewussten ist also überpersönlich und beruht nicht auf eigener Erfahrung. Es besteht etwa aus Träumen sowie aus kulturgeschichtlichen Motiven und Archetypen, was sich zum Beispiel in Mythen, Märchen und Ritualen ausdrückt. Auch eine Angst vor Schlangen oder Spinnen könnte man beispielsweise als Teil des kollektiven Unbewussten sehen. Jung hat die Idee, dass das »Zentrum« eines Menschen veränderbar ist und nicht nur im Ego liegen muss. In Bezug auf die Psyche dachte Jung in seinen früheren Werken ähnlich evolutionsorientiert wie die Biologen in Hinblick auf den menschlichen Körper.

In der zweiten Lebenshälfte komme es dann bei den meisten Menschen zu sehr verletzenden Erfahrungen, welche die Suche nach der verlorenen Einheit wieder starten (das könnte zum Beispiel auch eine toxische Beziehung sein). Man setzt sich mit seinen »Schatten« auseinander, also »dunklen« verdrängten Anteilen der eigenen Persönlichkeit, wie auch mit dem ewig »Weiblichen« (»Anima« genannt) und dem ewig »Männlichen« (»Animus«). Durch diese Prozesse verschiebt man das Zentrum der eigenen Persönlichkeit in das sogenannte Selbst, was bewusste und unbewusste Anteile hat und in dem man sich wieder »ganz« fühlt. Man könnte mit heutigen Worten auch sagen, wir leben mehr aus den Tiefen unseres Seelenbewusstseins.

Jungs Archetypen

Eins der faszinierendsten Konzepte C. G. Jungs ist das der Archetypen (gr. *archétypon* [zuerst geprägt, Urbild]). Ein Archetyp ist eine unbewusste psychische Instanz des kollektiven Unbewussten, die mit numinosen tiefen Gefühlen, Informationen, ja fast Erinnerungsspuren aufgeladen ist (lat. *numen, numinis* [göttlicher Wille]). Archetypen berühren uns auf eine geradezu magische Art. Man findet sie gern im Märchen als König, Prinzessin, Zauberer, Hexe, Bettler und so weiter. Auch in Traumbildern oder Visionen tauchen sie auf.

Jung treibt diesen Begriff auch noch weiter. Ein besonderer Jung'scher Archetyp ist die Persona, was man mit »Maske« übersetzen könnte beziehungsweise das, was wir der Außenwelt von uns präsentieren möchten oder was wir sogar uns selbst am liebsten präsentieren möchten. Das Ziel des Lebens ist bei Jung, seine Gesamtpersönlichkeit immer mehr zu entwickeln, weg von der Persona hin zum wahren Selbst, was interessanterweise hier weder ganz bewusst noch unbewusst ist.

Man darf sich also im Leben immer mehr seinen unbewussten Anteilen widmen.

Als Führer in das Unbewusste sieht Jung zwei für uns ganz besondere Archetypen: für Frauen den Animus, für Männer die Anima (lat. *anima* [Seele, eigtl. Lufthauch, Atem]). Man könnte diese als urweibliche und urmännliche Archetypen sehen. Inhalte können für die Anima zum Beispiel Hure und Heilige oder die spirituelle Führerin sein (Dantes Muse Beatrice in seiner *Göttlichen Komödie*, auf die wir später noch zu sprechen kommen). Der Animus kann der Krieger sein, aber auch der Zauberer oder der alte Weise. Warum hat ein Mann besonders mit der Anima zu tun? Weil das Unbewusste gern die Gegenposition zu dem exploriert, was wir mit der Persona draußen gern zu leben vorgeben wollen (ein Beispiel für diesen Prozess wären die »kalten Füße« vor einer Hochzeit). Das Ziel ist ja wie gesagt, vollständig zu werden, und dazu gehört auch aus spiritueller Sicht der Ausgleich von männlichen und weiblichen sowie »guten« versus »bösen« Energien.

Grob gesagt sorgt die Anima für die (auch dunkle) Faszination des männlichen und weiblichen Prinzips. In meiner Sprache würde ich sagen, sie sorgt dafür, dass wir unsere gegenteilige Polarität daten wollen (in homosexuellen Beziehungen oder anderweitig diversen Zweisamkeiten müsste man mal genauer hinschauen, aber das würde hier zu weit führen – letztlich gilt das Gleiche). Das Problem ist dann aber, dass wir eine Aufgabe, die eigentlich innen zu lösen ist, im Außen angehen wollen. Die geradezu drogenartige Faszination kann dann zu einer regelrechten Besessenheit führen, wenn ein Mann seine Anima auf eine ganz bestimmte Frau projiziert. Besessenheit könnte man auch »Liebessucht« nennen, und schon sind wir bei Jungs Konzept von toxischen Beziehungen (hat er natürlich nicht so genannt). Tatsächlich entspricht es auch meinen Erfahrungen, dass Menschen in toxischen Beziehungen sich besonders vom Weiblichen oder Männlichen im Gegenüber angezogen fühlen. Das ist tatsächlich nur die individuell wahrgenommene Polarität, von außen hat ein Beobachter oft einen ganz anderen Eindruck.

Jung meint, dass diese negative Faszination auch dazu führt, dass der Mann negative Eigenarten der Anima zeigt wie zum Beispiel Launenhaftigkeit, Kritiklust, Ruchlosigkeit oder Rücksichtslosigkeit. Die Frau zeigt dann entsprechend negative Animus-Anteile wie herrisches Verhalten, Prinzipienreiterei, Weltverbesserei. Man könnte mit heutigen Begriffen sagen, der Mann zeigt dann toxische Weiblichkeit und die Frau toxische Männlichkeit.

Diese Konzepte werden mittlerweile teilweise kritisiert als frauenfeindlich oder patriarchalisch. Das greift aber daneben, weil diese Prozesse beide Geschlechter gleich betreffen. Heute werden die Konzepte von weiblichen und männlichen Energien, also der Polarität, gerne abgetan, mit dramatischen negativen Auswirkungen auf unsere Dating-Erfahrungen.

Irgendwann sollte dann aber festgestellt werden, dass sich diese Probleme nicht im Außen und schon gar nicht in toxischen Beziehungen lösen lassen. Die Projektionen dürfen zurückgenommen werden, und der Mann muss sich in der Innenschau mit seiner Anima und damit mit seinem Unbewussten verbinden. Desgleichen natürlich die Frau mit dem Animus. Dies ist dann auch die Auseinandersetzung mit dem eigenen Schatten.

Der Schatten ist ebenfalls ein Archetyp, meint dabei sowohl Anteile der jeweils anderen Polarität als auch eigene unbewusste Täter-Anteile. Erst wenn wir all diese Anteile erfolgreich und unter vielen Wachstumsschmerzen integriert haben, können wir wirklich geerdete, erwachsene und glückliche Beziehungen führen und zu unserer wahren Kraft heranreifen.[3]

Ego und inneres Kind

In östlichen Praktiken ist viel von der Auflösung des Egos die Rede, während wir im Westen auch durch die Epoche der Aufklärung eine Stärkung des persönlichen Ichs haben – was ich für eine sehr wichtige Entwicklung halte. Sowohl bei Freud als auch bei Jung können wir sehen, dass sie ein starkes Ich für die Basis einer gesunden Psyche ansehen, es sei zuständig für die Aufrechterhaltung der Persönlichkeit und ihre Kontinuität, ebenso für die persönliche Identität. Das finde ich mal wichtig festzuhalten. Jung schreibt zum Beispiel auch:

> *»Die großen Ereignisse der Weltgeschichte sind,*
> *im Grunde genommen, von tiefster Belanglosigkeit.*
> *Wesentlich ist in letzter Linie nur das subjektive*
> *Leben des Einzelnen. Dieses allein macht Geschichte,*
> *in ihm allein finden alle großen Wandlungen zuerst statt,*
> *und alle Zukunft und alle Weltgeschichten stammen*
> *als ungeheure Summation doch zuletzt aus diesen*
> *verborgenen Quellen der Einzelnen.«*[4]

Wenn jemand von uns zum Beispiel laut oder ungerecht wird, sagen wir, er habe ein großes Ego. Aber was heißt das genau? Da ja in heutigen Zeiten vor allem bei zwischenmenschlichen Problemen (zu Recht) auf das innere verletzte Kind verwiesen wird, sollten wir erst mal die Unterschiede Ego versus inneres Kind klären.

Das innere Kind ist die Instanz in uns, die einerseits spielerische kreative Lebensfreude darstellt (im freien inneren Kind), uns aber andererseits heftig in Schwierigkeiten bringt, wenn es sich meldet aufgrund von Verletzungen, die aus der

Kindheit herrühren. Nehmen wir mal an, jemand weist uns ab in der Liebe. Dann kann das ein großes inneres Schmerzgefühl auslösen, weil wir uns unbewusst blitzschnell daran erinnern, wie schon Mami immer wenig Zeit für uns hatte.

Es gibt natürlich nicht nur die eine Definition des inneren Kindes, aber ich weise dieser Instanz die verletzlichen Emotionen wie Trauer, Schmerz, Ohnmacht, Verzweiflung und Scham zu. Wenn wir dann aber in dieser Abweisung reaktiv (verbal) zurückschlagen – das ist dann das Ego.

Inneres Kind

Das innere Kind ist eine modellhafte Betrachtung bestimmter »weicher« und verletzlicher Teile unserer Psyche. Es wurde unter anderem von dem amerikanischen Philosophen, Theologen und Psychologen John Bradshaw (1933–2016) eingeführt. Der Begriff »inneres Kind« soll dabei komplexe tiefenpsychologische Prozesse auch laienhaft verständlicher machen. Es ist in vielen, auch humanistischen psychologischen Verfahren modifiziert und weiterentwickelt worden.

Die Grundidee ist, dass nach wie vor eigentlich jedes Lebensalter in uns noch grundsätzlich aktiv ist, vor allem wenn es in diesem Lebensalter unverarbeitete traumatische Erfahrungen gegeben hat. Diese müssen keineswegs nur mit den Eltern zusammenhängen, auch Geschwister wie auch die Schulumgebung spielen eine wichtige Rolle. Insofern könnte es auch einen »inneren

Jugendlichen« oder einen »inneren Säugling« geben, der sich in das Verhalten einschleicht.

Das innere Kind kann unter anderem in therapeutischen Prozessen nachgenährt und die Traumata können bearbeitet werden, sodass es mehr integriert ist und sich nicht in »kindlichem« Verhalten als Erwachsener zeigt (gr. *traũma* [Wunde]).

Oft assoziiert man mit dem inneren Kind etwas Negatives, aber im gelungenen Fall kann es auch Glück, Entdeckerfreude und Lebenslust ausstrahlen.

In Deutschland und in vielen weiteren Ländern ist die Arbeit der Psychologin Stefanie Stahl sehr bekannt, die das »Schattenkind« und das »Sonnenkind« unterscheidet. Sehr spannend ist auch die Transaktionsanalyse des kanadisch-amerikanischen Psychologen Eric Berne (1910–1970), der von drei inneren Kindern zu berichten wusste: dem freien Kind (fördert im Erwachsenenalter sichere Bindung), dem angepassten Kind (fördert Koabhängigkeit in erwachsenen Beziehungen) sowie dem rebellischen Kind (fördert bindungsängstliche Muster).[5]

Das Ego ist nicht wie das innere Kind, es ist in solchen Situationen dann mehr so etwas wie der jugendliche Chef einer Mofa-Gang, der das innere Kind schützen will und dafür mal richtig einen auf »dicke Backe« macht, droht, wütet, beleidigt und all diese Dinge. Es ist eher wie ein mies gelaunter

Jugendlicher, der nicht viel reflektiert, sondern einfach mal impulsiv reagiert. Das Ego ist schlicht und ergreifend »egoistisch« und weit entfernt vom Herzen. Es neigt dazu, recht kalt und mit wenig Nachsicht zu agieren.

Ich denke, man kann sagen, dass aus spiritueller Sicht das Ego ein Teil ist, der sehr mit dem Körper verknüpft ist. Er gehört mehr zu unserer physischen Existenz als zu unserer seelischen. Ich glaube aber keineswegs, dass er sinnlos ist und komplett ausgeschaltet werden könnte. Ich finde es immer irgendwie amüsant, wenn Gurus das Auslöschen des Egos proklamieren, aber auf loyaler Ergebenheit bestehen oder mit Kritik nicht umgehen können, also Wasser predigen und selbst Wein trinken. (Auf das spirituelle Ego – das hartnäckigste – kommen wir später noch einmal zu sprechen.)

Aus meiner Sicht ist das Ego die Schnittstelle zu unserer 3D-Realität, die nun mal aus vielen Gefahren besteht. Damit wir hier lange genug überleben, sind wir mit einer Art kompromisslosem Wächter ausgestattet, der uns vor physischem oder psychischem Ungemach schützen soll. Wenn unsere Erde ein Videospiel wäre, dann symbolisierten die Waffen und Schilde das Ego.

Zudem hat das Ego ein mächtiges Werkzeug bekommen: unseren Verstand. Unser Verstand arbeitet gern für das Ego. Der Verstand ist prima, wenn man eine Gleichung dritten Grades lösen muss; aber er nervt ziemlich, wenn er im Dienste des Egos ständig irgendwelche Besorgnisse durchgeht.

Schnittstelle heißt auch, dass das Ego nur begrenzt Impulse oder Informationen aus höheren Dimensionen durchlässt. Ohne diesen Filter würden wir schon ziemlich überschwemmt werden, was vielleicht in einem LSD-Rausch interessant sein kann, aber im alltäglichen Leben mehr als hinderlich wäre.

Das Ego selbst ist nicht wirklich an höhere Energien angebunden und kann sich auch nicht autark versorgen. Es braucht daher jene permanente Bestätigung vom anderen. Da es perfekt an die 3D-Täter-Opfer-Welt angepasst ist, arbeitet es auch nur in diesen Begriffen. Es gibt allein Gewinnen oder Verlieren. Es versucht immer, möglichst hoch aufzusteigen in der Hierarchie, da es sich ganz oben am sichersten fühlt beziehungsweise die meiste Bestätigung erwartet. Da das Ego auf diese Energie von außen angewiesen ist, wird es auch nie satt. Es will buchstäblich immer mehr, was ziemlich frustrierend sein kann.

Wenn das Ego nicht zu obsiegen vermag, kämpft es entweder ewig weiter oder nimmt »geschlagen« eine untergeordnete Rolle an und putzt sich dann auch gern mal attackierend selbst runter. Es lauert aber weiter auf die Chance, wieder auftrumpfen zu können, und es vergisst auch keine »Verletzung«. Das Ego leidet beziehungsweise agiert vor allem in diesen Momenten, in denen wir beschämt oder verächtlich behandelt werden. Das Ego kann sich nicht auf Augenhöhe einpendeln, es will sich ständig messen und vergleichen.

Der Kick, den das Ego uns bei einem großen Erfolg beschert, ist enorm, wie wir alle wissen. Da es sich aber wie schon gesagt um Energie von außen handelt, bleibt dieser Kick nie nachhaltig. Das macht das Leben aus dem Ego heraus so anstrengend. Es kann jederzeit alles wieder kippen, und man muss immer wachsam sein.

Typische 3D-Dilemmata

In der spirituellen Welt wird wie gesagt oft von Dimensionen gesprochen. Man kann diese als Erfahrungswelten sehen. Die dritte Dimension (3D) mit ihren Dilemmata ist der gegenwärtige Fokus unseres Bewusstseins, während wir alle als multidimensionale Wesen aber auch Anteile in anderen Dimensionen haben (gr. *dílēmma* [Fangschluss, eigtl. Doppelfang: Wahl zwischen zwei – meist unangenehmen – Optionen, Zwangslage]). Das ist für uns mit unserem gegenwärtigen Verstand wohl schwer zu verstehen. Ich möchte trotzdem diese Begriffe, von denen schon auf den ersten Seiten die Rede war, etwas ausführlicher besprechen, da sie viel benutzt werden und da ich denke, dass du in der Zukunft noch viel mehr davon hören wirst.

Die Welt von Krieg und Frieden der letzten Jahrhunderte beziehungsweise Jahrtausende nennt man also die dritte Dimension oder abgekürzt 3D. In der Regel geht man von einem zwölfdimensionalen »Raum« aus, in dem wir uns bewegen. Bis auf die Dimensionen 3, 4 und 5 gibt es aber viele unterschiedliche Vorstellungen, was diese Dimensionen exakt bedeuten, daher konzentrieren wir uns hier auf ebendiese. Grundsätzlich kann man aber sagen: Keine Dimension ist besser oder schlechter, jede bietet nur andere Erfahrungsräume. Je höher die Dimension, desto näher sind wir an der Quelle, Gott oder wie immer du das nennen willst. Je tiefer die Dimension, umso mehr sind wir entfernt von dieser Quelle und erfahren oft sehr schmerzhaftes Getrenntsein. Wir gehen dabei auch immer mehr in eine Körperlichkeit und eine sehr akzentuierte Individualität.

Die dritte Dimension ist in ausgeprägter Form auch die Dualität. Dualität bedeutet, dass man eigentlich alles in Gegenteilen wahrnimmt. Liebe und Hass, Tag und Nacht, gesund und krank, glücklich und traurig. Dualität bedeutet darüber hinaus, dass im einen Pol immer etwas vom anderen auftritt.

Yin und Yang

Anschaulich wird all das zur Dualität Gesagte im Symbol von Yin und Yang (☯) aus der chinesischen Philosophie, das du sicher schon einmal gesehen hast. Die Begriffe »Yin« und »Yang« stehen für polar duale, das heißt entgegengesetzte und doch aufeinander bezogene, kosmische Kräfte, die sich einander ergänzen und ohne einander nicht sein können (chin. *yin* [Nebel- oder Schattenseite des Berges] und *yang* [Sonnen- oder

Lichtseite des Berges]). In dem Symbol dieses kosmischen Prinzips sind das weiße Yang (hell, hart, männlich, positiv und so weiter) und das schwarze Yin (dunkel, weich, weiblich, negativ, passiv und so weiter) in einer Monade dargestellt worden. Dabei sind mit den Eigenschaften keinerlei moralische oder sonstige Wertungen verbunden. Im weißen Bereich ist ein schwarzer Punkt enthalten, im schwarzen ein weißer.

Zu 3D gehört zudem das Verstricken in karmische Zusammenhänge, also das Verhältnis von Ursache und Wirkung (Sanskr. *kárman* [Tat, Werk, Schicksal]): Dem Buddhismus zufolge werden das Schicksal und die Form der Wiedergeburten durch unser früheres Handeln bestimmt. Man darf das aber nicht als Bestrafung sehen, sondern mehr als einen Ausgleich.

Im spirituellen Bereich nennt man toxische Beziehungen übrigens oft »karmische Beziehungen« (ebenso wie die Beziehungen mit den sogenannten Seelenpartnern, auf die wir später noch einmal zurückkommen werden). 3D ist vor allem das »Zuhause« dieser Täter-Opfer-Beziehungen in allen Varianten. Zu 3D gehört leider auch ein tiefes Gefühl des Getrenntseins und auch oft eine innere Leere. Das liegt daran, dass wir so weit von der »Quelle« entfernt sind, wie es nur geht. Wahrscheinlich sind wir gar nicht wirklich weit weg, aber das Ego sorgt für einen Schleier, der die Illusion der Getrenntheit sehr real macht. Deshalb ist es definitiv kein Wunder, dass der Beziehungsbereich so eine riesengroße Bedeutung für uns hat. Wenigstens da wollen wir etwas Gemeinsamkeit erfahren. Das klappt mal besser, oft aber leider eher schlechter.

Um in 3D anzukommen, sind wir sicherlich alle bereits einen langen Abstiegsweg gegangen. Ich bin sicher, dass nur erfahrene Seelen hier landen. Es muss schon ein Schock sein, in solch einer Welt anzukommen und noch obendrein vergessen zu haben, woher wir stammen. Aber ich bin mir auch sicher, dass die Erde ein ganz besonderer Planet ist, wie eine Art extrem kreativer Abenteuerspielplatz. Und sich wieder zu erinnern, welches unfassbare Geschöpf man ist, muss wirklich atemberaubend sein.

Sicherlich gibt es noch andere Gründe, warum wir hier sind. Jedenfalls sollten wir trotz aller Widrigkeiten allein schon deswegen, *dass* wir hier sind, das Beste draus zu machen versuchen. Wenn das Leben uns nicht meinte, gäbe es uns nicht!

3D heißt trotz alledem keineswegs, dass wir nicht parallel auch noch andere Körper hätten, beispielsweise einen Astralkörper, mit dem wir außerhalb unseres physischen Körpers reisen können, vielleicht nachts. Ich bin der Auffassung, dass es auch Anteile in uns gibt, die höher schwingend sind.

Wenn wir mal tagträumen, wie eine total schöne lichtdurchflutete, friedliche Welt aussehen könnte … das wäre dann die fünfte Dimension. Oder kurz gesagt 5D. Es ist eine Welt, in der das Ego nicht mehr wirklich gebraucht wird und in unserem höheren Ich aufgeht. Darunter verstehe ich eine Instanz, die nicht immer siegen und gewinnen will und mehr aus der Weisheit des Herzens agiert. Man könnte das höhere Ich auch die »Überseele« nennen oder auch die »Schnittstelle zur Quelle«. 5D heißt aber nicht, dass es eine Art Kommunismus wäre, wo das Individuum nicht so viel zählt. Ganz im Gegenteil, es wird eine Dimension sein, bei der die Wünsche des Einzelnen mit den »Wünschen« des Kollektivs im Einklang stehen. Vielleicht hast du dir mal etwas gewünscht, und es hat sich auf unfassbar scheinzufällige Weise vor deinen Augen manifestiert, ohne Anstrengung. So stelle ich mir 5D vor, und noch viel mehr. 5D wäre immer noch hier auf der Erde, immer noch mit Körpern und immer noch mit etwas Dualität, aber nicht mehr mit so krassen Dilemmata. Und es wäre viel heller. Kurz gesagt wäre es ein – durchaus realisierbares – Paradies auf Erden.

Die Begriffe der Dimensionen sind Konstrukte, vielleicht helfen sie dir zur Einordnung, aber sie sind keineswegs nötig, um die neue Dimension der Liebe zu erforschen. Ich denke, man kann fühlen, dass da etwas im Gange ist.

Nun fragst du dich vielleicht, was denn mit der vierten Dimension ist. Manche sagen, im Traum seien wir in der vierten Dimension, aber für unsere Belange kann ich einfach sagen, es ist der Begriff für den Übergang zwischen der dritten und der fünften Dimension. Der ist nämlich sehr konflikthaft, und ich meine, in diesem Übergang sind wir bereits, zumindest im Anfang. Eine schöne Metapher ist das

Fliegen. Am Boden ist quasi 3D, oben auf Flughöhe ist 5D, und dazwischen sind die Turbulenzen in den verschiedenen Luftschichten (4D). In dieser Zeit können wir in beide Richtungen unsere Fühler ausstrecken. Wir können uns in 3D-Belangen bewegen und in einem Konflikt blind verbal zurückschlagen. Oder wir können Momente von seligem 5D-Bewusstsein erleben, in denen wir fühlen, dass wir jeden Menschen grundsätzlich zu lieben vermögen.

Sowohl 3D als auch 5D sind recht stabil. 3D gibt es offensichtlich schon sehr lange. Dazwischen ist richtig was los, es ist kein weicher Übergang. Viel in diesem Buch wird um diesen Übergang gehen, der echt nichts für Feiglinge ist, die wir aber alle nicht sind.

So, nachdem wir uns das Ego einmal genauer angeschaut haben, wollen wir etwas detaillierter untersuchen, wo uns das Ego (was ja auch ein Synonym für Getrenntheit ist) in die Parade fährt. Und natürlich, warum das mit Liebe eigentlich gar nichts zu tun hat. Wenn wir wahre Liebe finden wollen, müssen wir eine andere Haltung zum Ego finden.

Ego und Partnerwahl

Das Ego spielt natürlich auch eine enorme Rolle beim Dating beziehungsweise am Anfang der Partnerschaft. Man macht sich gern vor, dass einem die inneren Werte so wichtig seien, aber mal ehrlich: Die äußeren Attribute sind es doch oft viel mehr, oder?

Noch mal: Das Ego möchte sich immer gern an der Spitze positionieren (das führt zum Beispiel auch dazu, dass selbst superreiche Menschen ein Mangelgefühl haben können, wenn andere megareiche noch größere Privatjets besitzen). Zu dieser Spitze gehört eben auch ein adäquater Partner mit einem hohen Status, mit dem man sich dann zeigen kann. Der Status wird von der entsprechenden Gesellschaft definiert.

Dazu gibt es natürlich auch biologisch-evolutionäre Aspekte. Unsere Gene möchten sich halt gern effektiv fortpflanzen. Wir müssen einmal mehr berücksichtigen, dass das Ego uns bei unserem Überleben behilflich sein möchte. Dazu gehört natürlich auch, einen hohen Status zu haben in einer sozialen Gruppe. Vielen Untersuchungen zufolge führt dies dazu, dass Männer gesund und fortpflanzungsfähig wirkende Frauen bevorzugen. Frauen hingegen hielten evolutionsbedingt Ausschau nach einem Mann zum Beschützen und Versorgen und suchten dann entsprechend Herren in der oberen Etage der männlichen Hierarchie (es reicht da die Stufenleiter der gerade subjektiv wahrgenommenen Gruppe, also des persönlichen Umfelds). Aber natürlich gibt es auch sekundäre Statusmerkmale, sodass auch für Frauen Aussehen wichtig ist und für Männer der Status der Frau. Unser Ego ist eng mit dem Dopamin-Belohnungszentrum in unserem Kopf verknüpft, und dieses Zentrum liebt den

Unterschied. Das Ego bekommt einen enormen Kick bei jeder unerwarteten romantischen Aufmerksamkeit und noch viel mehr, wenn diese von jemandem kommt, der als »eine höhere Dating-Liga« wahrgenommen wird.

Natürlich wird unser Sexualleben auch von kulturellen beziehungsweise gesellschaftlichen Trends überlagert. Aber unseren steinzeitlichen Programmierungen können wir uns nicht ganz entziehen. Wenn wir jemanden nicht attraktiv finden, ist das leider keine Sache, die wir einfach willentlich beeinflussen können. Es geht aber nicht nur um Geld oder Jugend. Ein Mann ist auch attraktiv, wenn er erfolgreicher Pianist in einer kleinen Jazzkneipe ist. Und eine Frau kann für einen Mann natürlich jung wirken, auch wenn sie es im Pass nicht mehr ist. Trotzdem: In unserer gegenwärtigen gesellschaftlichen Situation gibt es viele Tendenzen, Unterschiede zwischen den Geschlechtern oder evolutionär bedingte Prozesse einfach wegzudiskutieren. Nun, das kann man zwar tun – wirken werden sie aber trotzdem weiter. Dennoch sollte man auf dem Weg nach 5D aufpassen, dass man nicht zu sehr aus dem Ego heraus einen Partner sucht.

Tatsächlich wirken sich unsere Vorlieben, was – wie ich es nenne – männliche und weibliche Polarität betrifft, gar nicht so drastisch aus. Der Mann, den frau gut findet, muss nicht Millionen auf dem Konto haben. Es reicht, wenn er eine Mission hat und einfach Klarheit, Zielstrebigkeit und Durchsetzungsfähigkeit vermittelt. Die Frau, die man gut findet, muss keine zwanzig sein, es langt, wenn sie lebendige warme, kreative Qualitäten verkörpert. Das hört sich vielleicht nicht genderfreundlich an, ist es aber. Es gibt durchaus Paare, bei denen die Frau in der männlichen Polarität ist und der Mann in der weiblichen und es super harmoniert. Zusätzlich wirken natürlich andere Gegebenheiten auf unser Dating-Verhalten ein, insbesondere die Ansammlung von Erfahrungen, Glaubenssätzen und familiären Programmierungen, was ich den »Liebeschip« nenne.

Liebeschip

Eine Vielzahl meiner Klienten versucht, aus dysfunktionalen Beziehungen herauszufinden. Dabei scheinen sie blind immer wieder auf die gleichen (problematischen) Partner zu treffen. So findet vielleicht ein Mann mit einer alkoholkranken Mutter ständig Freundinnen mit Alkoholproblemen – und das, obwohl diese anfangs nichts davon zeigten. Der Grund ist das sogenannte Imago (lat. *imago* [Bild]), das heißt in der Psychologie das innere, unbewusste »Suchbild« des Partners, das früh in der Kindheit angelegt wird. Ich nenne dieses Suchbild lieber den »Liebeschip«.

Was wir als Kind oder Säugling vorgesetzt bekommen, speichern wir auf unserem Liebeschip als Liebe ab. Wenn wir nun bereits in unserer Kindheit unter schwierigen, schmerzhaften Bedingungen aufgewachsen sind, programmieren wir unseren Chip gleichermaßen mit Liebe und Schmerz. In späteren Liebesbeziehungen suchen wir ebendiese schmerzhaften Bedingungen (zum Beispiel in Form einer On-off-Beziehung) unbewusst wieder auf und setzen den empfundenen Schmerz sowie die Intensität fälschlicherweise mit Liebe und Leidenschaft gleich.

Dieses Programm läuft in tiefen Schichten unseres Gehirns ab, ist dem rationalen Denken kaum zugänglich und wird oft als »Beuteschema« schulterzuckend abgetan. Leider führt dieses Schema jedoch zu immer gleichen, meist frustrierenden Beziehungserfahrungen. Wenn wir jemanden finden, mit dem sich »alles richtig anfühlt«, jemanden, der »der/die Eine ist«, und so weiter, heißt es leider einfach nur, dass diese Person exakt auf unserem Liebeschip liegt, der nicht unbedingt die beste Programmierung hat.

Der Liebeschip ist ein Claim beziehungsweise ein Schlagwort, das ich für meinen YouTube-Kanal entwickelt habe (entsprechend findet man mich auch unter www.liebeschip.de). Der Liebeschip ist quasi dein »Liebes-Sender«. Woran erkennst du deinen Liebeschip? Nun, an den Menschen, die du datest. So einfach ist das. Beziehungsweise an den Menschen, die du *nicht* datest oder die dich *nicht* finden.

Je nachdem, wie dein Sender eingestellt ist, ziehst du wie magisch bestimmte Menschen an. Wenn du daran etwas ändern willst, gilt es, deinen Liebeschip umzuprogrammieren – das Kernstück meiner Arbeit in meinen Büchern und Kursen (mehr dazu auf meiner Webseite oder in meinem ersten Buch *Der Liebescode*).

Rosenkrieg

Wenn man an einer Beziehungsstufe sehen kann, dass es um das Ego geht, dann ist es aber interessanterweise am Ende der Partnerschaft. Es gibt in Paartherapie-Kreisen so ein schönes Sprichwort: Wenn sich dein Partner nach einer Trennung sehr konstruktiv und weiter nett verhält, dann war das Beziehungs-Aus ein Fehler.

Wie alle Sprichwörter ist dieses natürlich überspitzt und bezieht nicht mit ein, dass die Chemie einfach nicht mehr stimmte und man beispielsweise eine unteraktivierte Beziehung geführt hat. Aber dennoch ist viel dran.

Woher stammt der Begriff »Rosenkrieg«?

Der Ursprung des Begriffs liegt vermutlich im England des 15. Jahrhunderts. Die rivalisierenden Adelsfamilien York und Lancaster stritten um den Thron und bekriegten einander. Die Familienwappen beider Häuser zeigten jeweils eine Rose. Der Konflikt ging als »War of the Roses« in die Geschichte ein.

Heute versteht man darunter eine sich steigernde Auseinandersetzung in der Ehe beziehungsweise einen

Trennungskonflikt, der bis zur Selbstzerfleischung gehen kann.

Der Rosenkrieg ist ja die schon fast sprichwörtliche massive Auseinandersetzung mit allen schmutzigen Tricks im Rahmen einer Scheidung. Wie kann es dazu kommen, obwohl man doch so lange verheiratet war und sich angeblich geliebt hat?

Nun, es liegt bestimmt nicht an den mangelnden Emotionen. Rosenkriege entstehen praktisch immer aus überaktivierten Beziehungen mit viel Streit, aber auch Leidenschaft. Wie es dann oft so ist, spitzt sich der Streit immer mehr zu, weil man zunehmend dünnhäutiger wird und immer leichter angetriggert ist vom Partner. Vielleicht ist die Beziehung sogar in einer »On-off«-Schleife gefangen von immer wiederkehrenden Trennungen und Neuanfängen. Oder sogar regelrecht toxisch mit einem Partner mit narzisstischen Anteilen. Irgendwann kommt dann doch die finale Trennung, und häufig geht das mit vielen Kränkungen der Partner einher.

Diese Kränkungen sind, wie wir ja schon wissen, vor allem Verletzungen des Egos, das berühmte »gekränkte« Ego. Diese »Schmach« oder dieses Gefühl, dass irgendetwas »unfair« war, versucht man dann im Rosenkrieg wieder auszugleichen, also zu kompensieren. Manchmal ist es auch die Scham darüber, zurückgewiesen zu werden. Es ist unglaublich, was Menschen anstellen, wenn sie verschmäht werden und das einfach nicht verarbeitet bekommen. Die Wut ist dann oft grenzenlos.

Der Beginn ist vielleicht noch recht harmlos, aber da jetzt der Schutz der Beziehung fehlt und es keine Hoffnung mehr gibt, wird dem Frust oder sogar Hass freier Lauf gelassen. Mit allen möglichen Tricks wird versucht, den Expartner übers Ohr zu hauen. Und wenn das nicht geht, wird eine Schmutzkampagne initiiert. Der destruktiven Kreativität scheinen dabei keine Grenzen gesetzt zu sein. Das führt natürlich zu weiteren Verletzungen und Kränkungen, was unweigerlich in einen Teufelskreis mündet. In einem klassischen Rosenkrieg sind beide Partner an dieser Dynamik beteiligt.

In der Trennung zeigt sich, ob wir eine echte Liebe zu dem Partner aufrechterhalten können, die nicht an Bedingungen geknüpft ist. Eine echte Liebe sieht den Partner in seinem Schmerz und wünscht ihm einfach nur das Beste für seine Zukunft. Eine echte Liebe wünscht dem Partner, dass er mit jemand anderem eine glücklichere Beziehung führen kann.

Alles andere bestimmt schlicht und ergreifend: das Ego. Das Ego fährt seine Krallen aus, weil man seinen »Besitz« verliert, und jemand anders soll diesen Schatz natürlich auch nicht bekommen; dann hinterlässt man schon lieber verbrannte Erde.

Natürlich kann sich Liebe nicht von einem Tag auf den anderen in Luft auflösen. Und wenn sie es scheinbar tut, dann war es schon vorher keine wirkliche Liebe, sondern diese egoverkrüppelte »Liebe«, die wir in der 3D-Welt kennen.

Jene egozentrierte Liebe, die ihren Namen im Grunde genommen gar nicht verdient, wollen wir uns in der Folge mal im Kleinen anschauen. Sie startet natürlich schon, bevor alles auseinanderfällt.

Eifersucht

Eifersucht ist natürlich ein ganz großes Thema für das Ego und allgemein wirklich ein Problem für Beziehungen, weil sie so viele Facetten hat. Es gibt »begründete« und »unbegründete« Eifersucht. Es gibt Eifersucht aus einem Gefühl der Schwäche – und Eifersucht als Mittel, die Beziehung machtvoll zu kontrollieren. Grundsätzlich ist vor allem unbegründete oder übertriebene Eifersucht im klassischen Sinne eine typische 3D-Strategie des Egos, um einen Besitzanspruch auf den Partner zu legitimieren. Er gehört einem eben und soll sich gefälligst für niemand anderen interessieren. Sogar dann, wenn man selbst durchaus *nicht* loyal ist. Es ist wirklich manchmal kaum zu glauben, wie sehr Menschen kontrollierend sein können, aber selbst gleichzeitig für sich ganz andere Freiheiten in Anspruch nehmen wollen.

Heute ist dieser Besitzanspruch »nur« noch emotional unterfüttert. In früheren Generationen gab es für die meisten tatsächlich einen solchen Anspruch aufgrund von Abkommen oder gesellschaftlichen Regeln. Aber egal, wie sehr wir ihn bestimmen wollen, wir haben keine wirkliche Macht über die Gefühle eines anderen Menschen. Wenn der sich nun mal für jemand anderen interessiert oder sich sogar lösen will, kann man das letzten Endes nicht wirklich verhindern. Die Strategien des Egos, die natürlich häufig von einem schwachen Selbstwertgefühl, von Bedürftigkeit oder einem Mangeldenken gefüttert werden, führen höchstens dazu, dass man seine wirklichen Gedanken oder auch Handlungen vor dem anderen verbirgt (was aber auch eine Ego-Strategie sein kann).

Doch was ist dann mit »begründeter« Eifersucht, also wenn wir sehen, dass unser Partner sich wirklich nicht »loyal« verhält? Nun, eigentlich bräuchten wir für die Eifersucht hier zwei verschiedene Wörter, weil dies in der Tat ein anderer Prozess ist. Dazu muss man sich erst einmal klarmachen, was überhaupt die Grundlage für Eifersucht ist. Die Grundlage ist hier ein ungeschriebener Vertrag über die Basis einer Beziehung. Dieser Vertrag ist übrigens häufig gar nicht verhandelt worden, oder beide meinen, einen anderen Vertrag zu haben. Aber gut, gehen wir mal davon aus, es gebe eine gemeinsame Vorstellung davon, was im Rahmen der Beziehung erlaubt ist und was nicht. Obwohl diese Einigung vollkommen willkürlich ist – das ist einem oft nicht klar –, wird irgendwo in deiner 3D-Beziehung eine Grenze definiert sein, und zwar in jeder Beziehung, selbst in einer offenen. Das Überschreiten dieser Grenze führt zu klaren Eifersuchtsgefühlen. Eine Kränkung des Egos findet zwar auch hier statt, aber die Eifersucht wird eher aus einem Gefühl der Ohnmacht gespeist und nicht aus Machtansprüchen. Es ist die Enttäuschung darüber, dass Taten eben nicht den Worten folgen und der Partner gleichzeitig die Vorteile einer Beziehung *und* die Vorteile, Single zu sein, für sich in Anspruch nimmt. Dies wird im Grunde leider auch ein Ausdruck von Unehrlichkeit sein. Es ist dann sinnvoll, darauf zu reagieren, dass die gemeinsam – wenn auch stillschweigend – vereinbarten Regeln nicht eingehalten werden. Das hat nicht in erster Linie etwas mit dem Ego zu tun. Es sorgt aber unter Umständen auch hier dafür, dass man den anderen festhalten will – was natürlich wiederum nicht viel nützt.

Beim Thema »Eifersucht« können wir gut die beiden dualistischen Pole von Täter und Opfer, Macht und Ohnmacht beobachten. Nehmen wir mal ein Paar, bei dem die Frau in einer langjährigen Beziehung irgendwann fremdgeht und das schließlich auffliegt. Das gibt natürlich viel Reibung in der Beziehung, der Mann sieht sich erst mal als Opfer und ohnmächtig. Die Affäre wird dann nach vielen Diskussionen beendet, der Mann bleibt aber misstrauisch. Er ist so verzweifelt, dass er schließlich ihr Auto verwanzt, ihren E-Mail-Account hackt und sich Zutritt zum Abhören des Telefons der Frau verschafft. Er findet nichts, die Frau findet es aber heraus und ist entsetzt. Sie ist so entsetzt, dass sie die Affäre wiederaufnimmt. Wer ist jetzt Opfer, wer ist Täter?

Ein anderes Beispiel sind toxische Beziehungen. In diesen ist ja oft ein Partner mit vielen Ego- oder narzisstischen Anteilen. Obwohl diese ihre oft koabhängigen Partner manchmal regelrecht quälen, sehen sie sich trotzdem selber als Opfer. Das ist oft besonders frustrierend für das Gegenüber. Nicht nur ist man hinter dem Rücken betrogen worden – wenn man sich dagegen wehrt, bekommt man noch mehr Gegenwind. Oft ist der betrügende Partner paradoxerweise selbst unfassbar eifersüchtig und hegt einen Absolutheitsanspruch. Wenn jetzt der »unterlegene« Partner aber in die nächste Beziehung geht und sich sagt: »Nun bin ich aber mal dran« – dann wird er leicht selbst zum Täter.

Es ist lehrreich zu sehen, wie eng diese beiden Pole verwoben sind, fast wie in einem verrückten Tanz. Wenn wir uns aus diesem Wahnsinn der Eifersucht lösen wollen, müssen wir aufhören, das ganze 3D-Spiel überhaupt noch zu spielen.

Beleidigt sein

Wenn es in der alltäglichen Kommunikation unterhalb von wirklich grenzüberschreitenden verbalen Äußerungen den einen Beziehungskiller gibt, dann ist es das »Beleidigtsein«. Es geht hier um das offene oder mehr oder weniger unterschwellige Kommunizieren eines permanenten Gekränktseins, das beim Partner zu dem Gefühl führt, stets »auf

Eierschalen laufen« zu müssen, um ja keinen »Fehler« zu machen.

Man könnte denken, beleidigt zu sein sei Ausdruck für ein Gefühl tiefer Verletzung. Aber hier sind oft die defensiven Motive gut verborgen: Um eigene Defizite zu kompensieren oder »auf Augenhöhe« mit dem Partner mithalten zu können, vermittelt man ihm das Gefühl, er sei nicht »gut genug«. Viele Menschen, die solches Spiel treiben, haben überhöhte Ansprüche an die Beziehung. Sie erwarten sozusagen eine »Premium-Behandlung« und dass man ihnen jeden Wunsch von den Augen abliest.

Aber selbst wenn das ginge, würde es nicht viel nützen, weil auch hier die Distanz bliebe und die Frage, welche Themen man nicht für sich gelöst beziehungsweise nicht kommuniziert hat, weiterhin im Verborgenen ihr Unwesen triebe.

Manche Menschen sind auch »beleidigt«, weil der Partner sie schlicht nicht mehr will. Und dann wird dieser gern mal gleich als »krank«, »Narzisst« oder Ähnliches tituliert. Dies geschieht in unserer Zeit »dank« der neuen Medien immer häufiger in der breiten Öffentlichkeit. Irgendwie ist ständig jemand beleidigt und erwartet, dass ein anderer gedisst wird und sich ein regelrechter Shitstorm über ihn ergießt. Diese Selbstüberhebung greift derart um sich, dass sie für viele schon als normal gilt und zum Nachahmen animiert. Was das mit den »Opfern« solcher Attacken machen kann, die zum Teil extrem darunter leiden – weil zu Unrecht beschuldigt –, ist den »Tätern« scheinbar egal oder nicht bewusst.

Die »Mafia-Strategie«

Die Mafia-Strategie ist ja im konträren Sinne mein *favourite*, wenn ich das mal so sagen darf. Sobald ich die Taktik bei jemandem entdecke (was nicht leicht ist), dann bin ich mit diesem Kontakt echt durch. Man kann die Strategie, die echt 3D-typisch ist, auch sehr oft in Freundschaften erleben (die in Wirklichkeit natürlich gar keine sind).

Die Mafia-Strategie bedeutet, wie der Name vielleicht vermuten lässt, dass man sich wie ein Mafia-Boss verhält. Wenn du mal die einschlägigen Filme gesehen hast, dann weißt du, wie das geht. Du bist als Mafia-Boss sehr großzügig darin, vielen Menschen teils auch große Gefallen zu tun oder ihnen bei Alltagsproblemen zu helfen. Es scheint erst mal, als habe man einen wirklich netten und aufmerksamen Freund gefunden. Das kann auch durchaus über eine längere Zeit so gehen. Aber plötzlich fragt dein Kumpel ganz unverblümt nach einem krassen Gefallen, den du ihm erfüllen sollst. Es ist dann etwas, was typischerweise viel schwerwiegender ist als die kleinen Gefälligkeiten, die er dir erwiesen hat. Vielleicht ist es sogar ethisch nicht hundertprozentig korrekt, oder du hast dabei aus anderen Gründen ein unbehagliches Gefühl im Bauch. Da du aber vielleicht auch in

3D-Kategorien denkst, hast du das Gefühl, diesen »Gefallen« nicht abschlagen zu können – beziehungsweise wird dir dies auch ganz klar kommuniziert.

Ein Beispiel in Liebesbeziehungen wäre der »Gold-Digger«. Dies ist unter diesem Begriff in der Regel eine Frau, die sich an einen Mann heranmacht, der besonders viel Status oder besonders viel Geldressourcen hat. Sie bewundert den Mann, »lovebombt« ihn, verführt ihn und heiratet ihn schließlich auch oder bekommt ein Kind. Es geht aber nicht um Liebe, sondern nur um eine gewisse Transaktion. Störende andere Personen werden regelrecht weggemobbt. Es kann dauern, bis der Mann das merkt und nicht mehr denkt, er hätte einfach Glück gehabt mit dieser scheinbar tollen Frau. Wenn er sich dann zurückziehen will, bekommt er es wiederum mit massivem Druck zu tun oder sogar Drohungen.

Die männliche Variante wäre der Heiratsschwindler. Man hört davon nicht mehr so viel, aber letzten Endes dürfte es klar sein, dass es auch hier nicht um die »Liebe« geht, sondern nur um Ressourcen.

Was hat das Ganze mit dem Ego zu tun? Nun, es geht doch ganz klar darum, mit allen Mitteln für sich Vorteile zu erzielen, und natürlich geht es wieder um die Bestätigung, die das Ego so sehr braucht. Es geht darum, viele Menschen in sein Netz einzuweben, um Vorteile dadurch zu erhalten oder erhöhte Aufmerksamkeit auf sich zu ziehen.

Aber auch Ego und Angst bilden in 3D eine untrennbare Einheit. Angst und Ego sind praktisch eine Definition von 3D.

Die Erfahrung der Trennung von unserer spirituellen Herkunft sowie das totale Vergessen, wo wir herkommen, sind sehr stark angstauslösend. Wir fühlen uns allein und ausgeliefert in dieser Welt. Überleben wird zum Hauptantrieb. Heute müssen wir uns nicht mehr so viel um das physische Überleben Gedanken machen wie in früheren Zeiten, aber das psychische Überleben sehen wir in dieser oft als kalt erlebten Welt schon in Gefahr. Seit geraumer Zeit vermelden die Krankenkassen, dass der Anteil an psychischen Erkrankungen bei Krankschreibungen immer mehr steigt. Die Corona-Pandemie hat dieser Entwicklung noch einen weiteren Schub gegeben. So sind 2020 die Angststörungen weltweit um 26 Prozent angewachsen und die Depressionen um 28 Prozent.[6]

Je mehr Niederlagen wir einstecken müssen, je öfter wir uns betrogen fühlen, desto mehr tritt unser innerer Mafia-Boss, das Ego, auf den Plan, und versucht uns zu beschützen. Wir werden dann immer misstrauischer, meinen immer mehr, ein Spiel spielen zu müssen. Wir fangen an, manipulativ unterwegs zu sein, weil sich ja eh keiner an die »Regeln« hält. Damit gehen wir aber auch immer weiter von unserem Herzen weg und können das Kollektiv oder die Anbindung an eine höhere Macht immer weniger fühlen.

Es ist wie gesagt oft sehr schwer, die Mafia-Strategie zu entlarven und entsprechend gegenzusteuern, weil sie zuweilen unterschwellig wirkt und der »Mafia-Boss« das kaum zugeben wird. Auch dein Umfeld feiert häufig solche Menschen, weil sie sie sich ja allenthalben so unterstützend geben.

Unter Umständen stehst du mit deiner Beobachtung in einem solchen Fall ganz allein da. Dennoch solltest du dich davon nicht irritieren lassen und auf deinen eigenen Eindruck vertrauen!

Sich unnötig klein und abhängig machen

Auch im Quasigegenteil eines »Mafia-Bosses«, also in einer scheinbar unterlegenen Rolle der Bedürftigkeit, kann viel destruktive Kraft stecken und natürlich auch viel Ego. Wenn wir jemandem begegnen, der zum Beispiel sehr krank ist, so tut oder eine andere mehr oder weniger gravierende Einschränkung hat oder zu haben vorgibt, neigen wir dazu, uns dieser Person verpflichtet zu fühlen, da sie ja – wahrscheinlich unverschuldet – in eine solche Situation der Schwäche geraten ist und unsere Solidarität verdient. Das kann schon alles so sein, aber »schwach« muss sie nicht zwangsläufig sein. Vielmehr übt sie potenziell oder real eine nicht geringe Macht über uns aus.

Erst mal will das Ego ja immer besonders sein, und auch Einschränkungen oder Krankheiten können zu diesem Sonderstatus beitragen. Das Ergebnis nennt man dann den »sekundären Krankheitsgewinn«. Es geht dabei um die zusätzliche Aufmerksamkeit, die ich durch mein Leiden oder Handicap bekomme oder einfordere und die ich ansonsten nicht bekäme.

Bei erschütternden Lebensereignissen kann man bei manchen auch sehen, dass sie sich nur um sich selbst drehen und nicht erkennen können oder wollen, dass andere ebenfalls leiden. Ihnen geht dann die Empathie für andere vollkommen ab, und sie fordern die geballte Aufmerksamkeit allein für den eigenen Schmerz.

Unter »Empathie« versteht man die Bereitschaft, sich in andere einzufühlen, was man jedoch nicht verwechseln sollte mit Mitleid (spätgr. *empátheia* [heftige Leidenschaft, wohl gräzisierende Lehnübersetzung vom deutschen Wort »Einfühlung«]).

Willkommen in der großen Welt des Opfer-Egos! Natürlich ist es ein richtiger Schritt, erkannt zu haben, dass man in einer Beziehung oder Lebenssituation der Gelackmeierte war, um daraus zu lernen und proaktiv dafür zu sorgen, dass sich dieses Schicksal nicht wiederholt. Wenn man aber eine ganze Identität darum strickt und eine Sonderbehandlung für den Rest seines Lebens erwartet, hat das Ego einen wieder auf die falsche Fährte angesetzt.

Manchmal sind es noch nicht mal wirkliche Einschränkungen, die man bei sich beklagt. Ich habe es zum Beispiel schon erlebt, dass Menschen aus eigentlich so positiven Begriffen wie »Hochsensibilität« oder »Hochbegabung« etwas stricken, was sich eher wie eine Behinderung anhört. Wenn jemand wirklich hochsensibel ist, sollte dies ihm doch ermöglichen, Lebenssituationen *besser* einzuschätzen und bewältigen zu können.

Man merkt übrigens leicht, wann diese Befindlichkeiten eher vom Ego dominiert sind, nämlich daran, dass Menschen sehr wütend werden, wenn man ihren proklamierten Sonderstatus auf Basis dieser Begriffe infrage stellt.

Wenn wir oft verletzt wurden (in der Liebe vor allem), neigen wir entweder zur »kommunikativen Attacke« oder zum Rückzug. Wie wir wissen, ist es gerade das, was das Ego tut: verletzliche psychische Anteile schützen. Das kann also nicht nur in Aggression zum Ausdruck kommen, bei der man in einem aktiven Verhalten versucht, wieder die Kontrolle zu erlangen. Schutz kann auch bedeuten, resigniert seine Mauern hochzuziehen und sich scheinbar freiwillig in die untergeordnete Rolle zu begeben. Wenn das Ego nicht gewinnen kann, macht es notfalls frustriert dicht. Da das Ego eng mit dem Verstand zusammenarbeitet, kann man sagen: Es ist sehr schlau. Es verbirgt gern sein Tun mittels eines »strategisch sinnvollen geordneten Rückzugs«. Und den Kontakt in einer Beziehung abzubrechen, etwa die Kommunikation mit dem anderen zu verweigern, kann ein sehr mächtiges Werkzeug sein. Wenn der andere sich verzweifelt abmüht, kann das dem eigenen Ego schon einen ganz schönen Kick verschaffen!

Möchte man sich hingegen einfach nur schützen, sind die Ego-Anteile nicht so groß, als wenn man Schweigen als Waffe einsetzt … und zum mächtigen Underdog wird.

Das Begriffspaar »Topdog/Underdog« stammt ursprünglich aus der Gestalttherapie des deutsch-amerikanischen Psychiaters und Psychotherapeuten »Fritz« Perls (1893–1970).[7] Es beschreibt sehr anschaulich die Dynamik in vielen Beziehungen. Der Topdog ist die Person, die scheinbar nach außen die Kontrolle hat, sie ist auch der Aggressor oder der Verfolger nach außen. Der Underdog ist der scheinbar schwache Part in der Beziehung, das Opfer, der Jammernde, der Schwache, der Rückzügler auch. Gut, so weit kennen wir das ja eigentlich schon. Was ist hier das Neue?

Nun, Perls sagt, dass scheinbar der Topdog die Macht hat, sich in Wirklichkeit aber der Underdog häufig oder sogar regelhaft durchsetzt. Wie kann das sein? Nun, das schönste Beispiel (auch wenn es hier nicht um Liebesbeziehungen geht) ist ein Baby. Es gibt wohl kaum ein hilfloseres Wesen als einen Säugling, der aus evolutionären Gründen »zu früh« auf die Welt kommen muss, da er mit einem entwickelten Gehirn zu groß für die Passage durch das Becken der Mutter wäre. Wer jemals ein wie am Spieß schreiendes Baby zu versorgen hatte, wird wissen, dass man es in diesen Momenten keineswegs als ohnmächtig erlebt, sondern als enorm mächtig und zielstrebig.

Ähnlich ist es auch häufig in Beziehungen. Bei vielen Paaren, die in eine Paartherapie kommen, gibt es einen sogenannten Attacke-Rückzug-Konflikt. Wie der Name schon sagt, ist einer offensichtlich in der verfolgenden, vielleicht aggressiven Rolle, während sich der andere »nur« zurückzieht. Wer aber einmal erlebt hat, wie das ist, wenn jemand mitten in einer verzweifelten Diskussion plötzlich wortlos aufsteht und sich stundenlang im Badezimmer einschließt und einfach gar nichts mehr sagt, der weiß, wie mächtig das wirkt. Und wie ohnmächtig dies den »Verfolger« macht, der im schlimmsten Fall dann frustriert gegen die Tür hämmert (was natürlich keine gute Strategie ist).

Bei diesem Thema wird wieder deutlich, wie eng verwoben in vielen Beziehungen das Täter-Opfer-Spiel ist. Ich habe als Paartherapeut inzwischen gelernt, nicht einfach nur auf den zu hören, der sich am lautesten beschwert. Es braucht manchmal mehrere Sessions einer Paartherapie, um überhaupt in der Tiefe zu verstehen, welche Runden das Täter-Opfer-Spiel über die Jahre genommen hat – und natürlich, wie oft die Rollen gewechselt wurden.

Eines kann man wirklich sagen: Manche Menschen, die sich als die größten Opfer sehen (und es bestimmt auch mal waren), werden von außen als krasse Täter wahrgenommen. Es ist alles eine Frage der Perspektive. Insbesondere Menschen mit Persönlichkeitsstörungen beziehungsweise Anteilen in diese Richtung sehen häufig überhaupt nicht, was sie insbesondere in Beziehungen anderen antun.

Von außen ist der Eindruck sehr klar, dass jemand manipulativ und unter vielen Lügen seine Interessen durchsetzt. Selber haben diese Menschen aber die Idee, dass ihnen dieses Verhalten irgendwie zusteht. Entweder weil sie meinen, etwas ganz Besonderes zu sein, oder sie sagen sich: Ich hatte schon eine so schwierige Kindheit, dann werde ich das doch wohl dürfen.

Alkohol und andere Rauschmittel

Es gibt wenige Dinge, die das Ego so aufplustern wie Rauschmittel. Diese haben eine komplexe Beziehung zu Ego-Zuständen. Dabei scheint jede Substanz etwas anders zu wirken.

Alkohol zum Beispiel ist einerseits natürlich ein rein vom Stoff her gesehen wirksames Beruhigungsmittel. Gleichzeitig hat er aber eine enorm niedrige Schwingung und triggert den Schmerzkörper (dazu unten mehr) wie kaum eine andere Droge. Praktisch alle Horrorstreitereien, von denen mir Paare in meiner Praxis erzählten, fanden unter Alkoholeinfluss statt. Dazu reichen oft schon kleine Mengen. Wenn man selten Alkohol trinkt und recht körperbewusst ist, kann man oft direkt diese niedrigschwingende Wirkung spüren. Manchmal sofort, manchmal den Mikrokater mit diesen feinen Stimmungsveränderungen am nächsten Morgen. Hohe ständige Alkoholmengen zerstören praktisch jede Beziehung. Sie verändern den Charakter. Diese Veränderung geht sehr stark auf das Ego zurück, was über den Schmerzkörper viel Energie gewinnt. Alkohol macht wie jede andere starke Droge sehr egozentrisch und narzisstisch.

Die Einnahme illegaler Drogen kommt natürlich auch oft vor, wird aber nicht immer offen berichtet. Die Ego-Wirkung und das emotionale »Kalt«-Werden lassen sich besonders bei Kokain sehen. Der Konsum von Kokain verstärkt im Grunde genommen besonders die Ego-Ebene. Es ist *der*

Booster. Die psychosozialen Folgen regelmäßigen Kokainkonsums sind eine stark ausgeprägte Egozentrik und mangelnde Empathie. Kokain wird auch als »Narzissmus in Pulverform« bezeichnet.

Im Grunde verschärft jede Droge, ebenso wie es nicht stoffgebundene Süchte tun, das innere Getrenntsein und das obsessive Drehen um sich selbst. Wir bilden nicht mehr eine Beziehung zu unserem Nächsten, sondern zur Droge. Die Verbindung von Drogen und emotional abgetrennter Sexualität scheint mir dabei noch schädlicher zu sein. Drogen wie auch Sexualität können genutzt werden, um einen *state-change* im Gehirn herbeizuführen und sich einfach abzulenken von eigenen Problemen. Kokain fördert auch sehr das sexuelle Erleben, sodass »normaler« Sex schließlich langweilig erscheint. Wie eine Droge wird der Sex konsumiert, und der Kontakt zu der jeweiligen Person spielt keine Rolle. Da man mit jedem Sex auch das Energiesystem des anderen mit in sich aufnimmt, holt man sich auch die Themen des anderen mit in sich hinein und gibt die eigenen Themen energetisch weiter. Man ergibt sich in die niedrigschwingenden Emotionen der unteren drei Chakren, die unter anderem von Rausch, Schmerzunterdrückung, dann aber Kater und noch mehr Schmerzen dominiert werden können. Die Verbindung zur eigenen Seele wird schwächer, was sowieso eines der Hauptprobleme der dritten Dimension ist.

Chakren

Nach hinduistischer Auffassung befinden sich im Astralkörper (Energieleib) des Menschen Zentren subtiler oder feinstofflicher Energie, »Chakren« oder »Chakras« genannt. Als (Haupt)chakren werden die sieben Zentren bezeichnet, die hintereinander entlang der Wirbelsäule liegen. Die ersten sechs Chakren liegen innerhalb des grobstofflichen Körpers. Das höchste, siebte Chakra (Sahasrāra) befindet sich außerhalb von ihm über dem Scheitelpunkt des Kopfes. Das Sanskritwort *cakrá* bedeutet »Rad, Kreis«: Medial begabte Menschen, welche die Aura sehen können, beschreiben die Chakren als »Lotosblüten« in kreisender Bewegung, wodurch der Eindruck eines Rads entsteht.

Die hier genannten unteren drei Chakren sind das Mūlādhāra-Chakra zwischen Zeugungsorgan und Anus, in dem auch in unerwecktem Zustand die Kundalinī-Kraft als zusammengerollte Schlange dargestellt wird, das Svādhishthāna-Chakra an der Wurzel der Genitalien und das Manipūra-Chakra in der Nabelgegend. Es folgen das Anāhata-Chakra im Bereich des Herzens, das Vishuddha-Chakra am unteren Ende des Halses und das Ājñā-Chakra (»Drittes Auge«) im Zwischenraum zwischen den Augenbrauen.

Kundalinī (Sanskr. für Schlange) ist die spirituelle Kraft. Wird sie wachgerufen, steigt diese feinstoffliche Energie durch die Chakren auf, was Ausdruck in Form von spirituellen Erkenntnissen und mystischen Visionen findet.[8]

Es mag irritierend sein, dass Rauschmittel so niedrigschwingend sind, wenn sie sich gleichzeitig kurzfristig so gut anfühlen. Nun, das ist eben auch ein 3D-Aspekt, diese regelrecht toxische Verzahnung von Schmerz und rauschhaften Zuständen, gefolgt von tiefer Depressivität.

Bei Rauschmitteln müssen wir uns vor allem eins klarmachen: Wie wir schon bei Freud und Jung sehen konnten, bewegt sich der Mensch auf der turbulenten Grenzlinie zwischen Unterbewusstheit bzw. Unbewusstheit und den Feldern höherer Bewusstseinszustände. Rauschmittel bringen uns kurzfristig in diese unbewussten Zustände, in denen wir befreit sind vom Ego. Allerdings quasi nach *unten* »befreit«, keineswegs nach *oben*. Das mag sich temporär gut anfühlen, ist aber wie beim Ball, den wir unter Wasser drücken und der danach noch kraftvoller wieder aufpoppt. Unser Evolutionsweg weist in die andere Richtung – über das Ego hinaus.

Auf meinem Bewusstseinsweg stellte ich mit Überraschung fest, dass ich Alkohol immer schlechter vertrage, sowohl körperlich als auch psychisch. Das war eigentlich gar nicht so geplant …! Ich mochte durchaus gern mal Cocktails schlürfen. Auch beruhigende Mittel, die ich selten auf langen Flugreisen nahm, hatten keinen positiven Effekt mehr. Auf dem Weg zu 5D brauchen wir ein glasklares Bewusstsein, keins, das getrübt ist durch chemische Substanzen. Der Weg geht nach oben, nicht nach unten. Wir können nicht aufsteigen und gleichzeitig Niederschwingungen ertragen. Das ist wie Kühlen und Erhitzen gleichzeitig. Je feinsinniger und je mehr »5D-mäßig« wir werden, desto weniger ertragen wir solche 3D-Maßnahmen. Das führt dazu, dass Menschen, die den anderen etwas vorausgehen, momentan keine leichte Zeit haben.

Primäre und sekundäre Gefühle

Wie vielleicht deutlich geworden ist, kann man beim inneren Kind und beim Ego von zwei verschiedenen Arten von Gefühlen ausgehen. Diese nennt man in der Emotionsfokussierten Paartherapie (EFT) nach der Psychologin Dr. Sue Johnson und dem Psychotherapieforscher Leslie Greenberg aus Kanada »primäre« und »sekundäre Gefühle«.[9] Die sekundären Gefühle und die damit einhergehenden Verhaltensweisen sind die Dinge, die eine Paartherapie überhaupt erst notwendig machen. Also im Wesentlichen Mauern bauen, Attacken fahren, abwerten und Kritik üben mit den damit einhergehenden Emotionen wie Wut, Hass, Taubheit, Macht, Ohnmacht und so weiter. Wie der Name schon andeutet, sind diese Verhaltensweisen eine Reaktion auf das, was vorher passiert ist. Im Vordergrund der EFT steht die Deeskalation jener negativen Verhaltensweisen, die aus den primären und sekundären Emotionen resultieren. Den primären Gefühlen – die oft nicht bewusst sind – kommt dabei eine große Bedeutung zu, weil sie überhaupt erst den Grund für die Abwehraktionen liefern. Man könnte sagen, dies sind Innere-Kind-Emotionen und Zustände, zum Beispiel traurig oder verzweifelt sein, aufgeben wollen, sich nach Liebe sehnen oder sich abgelehnt fühlen. In der Paartherapie versucht man, diese verschiedenen Zustände bewusst zu machen und das Paar wieder auf die Ebene der primären Emotionen zu bringen. Es erfordert zwar viel Mut, aber nur wenn wir uns wieder verletzlich machen und ehrlich miteinander sind, können wir in eine liebevolle Kommunikation zurückfinden und den ewigen Paarkampf beenden.

Manipulation

Natürlich gehen auch direkte Manipulationen häufig auf das Ego zurück. In meinen ersten beiden Büchern habe ich bereits ausführlich die manipulativen Ego-Strategien in toxischen Beziehungen beschrieben. Diese sind vor allem Gaslighting (Verschleiern der eigenen Motivation), Future Faking (auf gut Deutsch Luftschlösser bauen) und die Schuldumkehr (wenn einem für jedes Problem, auch das des Partners, die Schuld gegeben wird). Auch andere Verhaltensweisen aus toxischen Beziehungen kommen vor wie Lovebombing (mit Liebe überschütten), Fast Forwarding (schnelles Vorantreiben der Beziehung) und Flirten mit anderen.

Gaslighting

Als »Gaslighting« wird eine manipulative Verdrehung der Wahrheit benannt, um einen anderen Menschen zu verunsichern. Der Begriff stammt vom entsprechenden Titel »Gas Light« des Theaterstücks (1938) des britischen Dramatikers Patrick Hamilton (1904–1962) und erlangte Berühmtheit durch die beiden späteren Verfilmungen »Gaslicht« (1940) und »Das Haus der Lady Alquist« (1944).

Ein frischgebackener Ehemann lässt seine Frau an ihrer eigenen Wahrnehmung zweifeln, indem er Dinge versteckt, die sich dann in der Handtasche der Frau wiederfinden. Außerdem leugnet er real passierende Dinge (unter anderem das namengebende flackernde Gaslicht). Die Ehefrau fühlt sich dem Wahnsinn nahe und ist froh, dass der Ehemann ihr scheinbar empathisch seine Unterstützung anbietet. Tatsächlich geht es ihm aber überhaupt nicht um die Frau, er sucht vielmehr Juwelen in dem Haus, die der von ihm ermordeten Tante seiner Frau gehörten und die er nach dem Mord nicht hatte finden können.

Gaslighting kommt gehäuft vor bei narzisstischen Menschen. Fälschlicherweise wird aber angenommen, dass *nur* Narzissten Gaslighting betreiben. Gaslighting ist eine (zumindest in kleinerem Rahmen) häufig vorkommende Kommunikationstechnik von Menschen, die in diesem Moment einfach nicht Verantwortung übernehmen wollen oder ihre wahren Motive verschleiern. Es sind nicht immer die anderen, die fragwürdige Dinge tun. Jeder von uns hat mit Sicherheit schon mal Gaslighting betrieben. Es ist eine Strategie des Egos.

Es geht hier einfach darum, ohne viel Rücksicht auf Verluste die eigenen Interessen durchzusetzen, ohne dass dies komplett offensichtlich wäre. Es soll möglichst viel Bestätigung, Thrill und Abwechslung generiert werden, ohne dafür zu viele Abstriche machen zu müssen. Dies führt extrem oft in sehr unglückliche Dreiecksbeziehungen. Ein Beispiel wäre die klassische Affäre innerhalb einer Beziehung, bei der immer wieder versprochen wird, die Beziehung zu verlassen, was aber nie passiert und auch nie geplant war.

Das Ego macht nicht satt

Wie wir ja schon herausgefunden haben, ist das Ego nie zufrieden und strebt immer nach mehr. Das führt »leider« auch dazu, dass es nicht wirklich satt macht. Wenn man das mal verstanden hat, kapiert man, dass Ego-Ziele nicht so toll sind, wie man oft denkt. Nehmen wir mal an, dein Ego-Ziel ist, eine bestimmte Traumfrau zu daten. Wenn du das dann geschafft hast, bekommst du natürlich eine enorme innere Bestätigung. Aber diese wird nicht lange vorhalten. Dann wird hinter diesem Gipfel ein neuer Gipfel auftauchen mit einem neuen Wunsch. Man kann sagen, das Ego liebt nicht so sehr die Menge, die du angehäuft hast (auch in der Liebe), es liebt die stete Steigerung.

Das Ego braucht quasi ständig etwas Neues, weil es uns davor schützt, uns mit den darunterliegenden Themen des inneren Kindes zu beschäftigen. Außerdem braucht das Ego ständig neue Energie, um sich überhaupt so fest in der Psyche halten zu können. Insofern bräuchte ein Mensch, der sehr im Ego ist, immer neue Impulse, egal, ob er gerade einen neuen Glücks-Set-Point hat oder nicht.

Es gibt da eine spannende Schnittstelle zum Dopamin-System. Das Hormon Dopamin ist eng mit der Lust an Neuem verbandelt, es ist der Neurotransmitter des Wollens und der Vorfreude. Hier gibt es auch die Verbindung zu Extraversion, Impulsivität, Risikoverhalten und so weiter, was sich natürlich auch in Beziehungen zeigt.[10]

Das Ego als Wächter unseres Schmerzkörpers

Der deutsch-kanadische spirituelle Lehrer und Autor Eckhart Tolle hat das wunderbare Konzept des »Schmerzkörpers« beschrieben.[11] Der Schmerzkörper ist die Trauma-Energie, die nicht komplett abgebaut wurde nach einer

Verletzung und daher im Körper Depots bildet. Leider ist der Schmerzkörper nicht still, sondern wie eine eigene Entität, die quasi immer wieder ihre Nahrung braucht. Und diese Nahrung ist neuer Schmerz. Das hört sich erst mal wirklich etwas widersprüchlich an, aber man kann nachgerade abhängig werden von den ganzen Stresshormonen und Neurotransmittern, die bei traumatischen Erlebnissen ausgeschüttet werden.

In Paarbeziehungen bemerkt man den Schmerzkörper daran, dass in regelmäßigem Abstand immer wieder wie aus dem Nichts Streit entsteht. Gerade dann, wenn eigentlich alles gut scheint, bringt einer der Partner ein »piksiges« Thema ein, und der andere springt sofort drauf an. Dann hat man wieder seinen Streit und möglicherweise den anschließenden »Versöhnungssex«, und alles ist erst mal wieder gut. Aber so füttert man seinen Schmerzkörper halt weiter. Wenn man ihn aushungern will, sollte man die Einladung zum Streit nicht annehmen. Also sich abgrenzen, aber ruhig und in der Liebe bleiben. Das ist leicht gesagt, aber viel schwieriger, als reaktiv mitzustreiten.

Der Schmerzkörper hat also viel mit dem Thema »Trauma« zu tun. Ich muss sagen, ich stehe etwas auf dem Kriegsfuß mit dem Begriff »Trauma«, weil er wie viele andere psychologische Termini auch durch exzessive Nutzung vor allem für eigene Opferthemen leider sehr verwässert ist. Was eine Enkelgeneration heute als »Trauma« bezeichnet, wäre für die (Ur)großeltern-Generation, die eventuell noch einen

Weltkrieg erlebt hat, in den meisten Fällen nicht weiter erwähnenswert gewesen. Das heißt aber nicht, dass man die eigene Wahrnehmung infrage stellen sollte. Unsere Sensibilität und unsere Ansprüche wachsen halt immer mehr, und das ist im Grunde eine normale Entwicklung.

Wenn wir über den Schmerzkörper reden, ist diese weit gefasste Vorstellung von »Trauma« auch im Sinne von Frust, Verzweiflung, Trauer, unerfüllten Sehnsüchten und so weiter aber genau richtig. Es sammelt sich halt alles darin an, auch die »kleinen« Dinge.

Der Schmerzkörper liegt an der absoluten Wurzel der 3D-Energien. Er ist die eigentlich treibende Kraft in der Täter-Opfer-Dynamik.

Auch jedes Land hat seinen eigenen Schmerzkörper. Du kommst über die Grenze und kannst ihn regelrecht fühlen. Diese andere Energie. Du fragst dich vielleicht: Wie kann ein Land ein Trauma haben? Nun ja, in jeder Struktur können sich Trauma-Energien einlagern. Wenn du vielleicht mal Räume betreten hast, in denen früher die Gestapo ihr Unwesen trieb, kannst du das noch spüren. Das Gleiche gilt natürlich umgekehrt für sehr lichte Plätze. Lichte Plätze wirst du aber in aller Regel eher in der Natur finden, abseits von großen Menschenansammlungen. Wenn du beispielsweise durch einen ursprünglichen Wald gehst und sich vor Dir eine Lichtung ausbreitet, an der du denkst, hier könnten nachts Feen tanzen, wird das genau solch ein lichter Ort sein.

Jetzt möchte man meinen, einen großen Schmerzkörper zu haben sei etwas Schlechtes. Das ist so reduziert aber nicht richtig. Nehmen wir mal als Beispiel Jerusalem. Ja, die Stadt hat einen gewaltigen Schmerzkörper, aber sie ist eben auch Ort hochgradiger spiritueller Erfahrungen. Es ist einfach das Heilige Land, auch jenseits all der schrecklichen Konflikte dort. Auch das Tote Meer ist ein höchst spiritueller Ort, obwohl es fast kein Leben in dem Becken gibt.

Ja, der Schmerzkörper ist natürlich per se nichts wirklich Schönes, aber tatsächlich hilft er uns, nach dem Überbewussten zu suchen. Wenn wir alle gechillt auf unserer Palmeninsel in der Südsee säßen und uns den ganzen Tag das Essen vor die Füße fiele, wäre wenig Antrieb da, über sich hinauswachsen zu wollen. Leben heißt Entwicklung, neue Abenteuer, neue Fähigkeiten, neue Erfahrungen. Selbst im »Himmel« werden wir wohl nicht den ganzen Tag Engelchoräle singen. Vor allem unser Leben hier auf der Erde ist nicht irgendein »Abfallprodukt« der universellen Evolution, es ist gerade die Speerspitze. Je mehr Herausforderungen, desto mehr kreative Erschaffung und irgendwann wohl auch mehr Genuss am Bewältigen dieser Aufgaben wird es geben. Auch wenn sich das mittendrin oft nicht so gut anfühlt.

Selbst wenn wir auf so einer fantastischen Tropeninsel wären, bräuchten wir dazu aber auch einen entsprechenden inneren Frieden, den wir definitiv nicht haben. Mit unserem derzeitigen psychischen 3D-Bewusstsein könnten wir durchaus auf einer Südseeinsel leben, auf der paradiesische

Zustände herrschten, und uns trotzdem gegenseitig »die Augen auskratzen«.

Übrigens, auch frühere Südseekulturen hatten heftige 3D-Bräuche … wonach wir uns sehnen, das gibt es schon lange nicht mehr auf der Erde. Und wo ich schon so weit abgekommen bin: Diese Südseefantasien könnten auf den spirituellen Ort Lemuria zurückgehen, einen mythischen alten Kontinent, der in einer Katastrophe untergegangen sein soll. Das war angeblich die letzte Zeit, in der Menschen in einem 5D-Bewusstsein auf der Erde gelebt haben sollen, in welcher Form auch immer.

Also, die Auseinandersetzung mit unserem Schmerzkörper erfordert eine Auseinandersetzung mit dem Wächter des Schmerzkörpers: unserem Ego. Wenn wir einfach keinen anderen Ausweg mehr finden, suchen wir nach dem Überbewussten in uns und versuchen, die Gefängnisse des Ego-Bewusstseins zu sprengen. Erinnern wir uns: Wir wussten schon, wo wir uns inkarnieren wollten, und haben uns vielleicht nicht die einfachste Aufgabe ausgesucht, um hier weiterwachsen und auch dem Ganzen am besten dienen zu können.

Die Schnittstelle Ego/Schmerzkörper ist genau der unbewusste Punkt in unserem Körper-Geist-System. Es ist der blinde Fleck, den wir nicht sehen, bis wir uns auf die Suche nach ihm begeben. Es ist der Punkt, aus dem das Täter-Sein entspringt, was wir ebenfalls in der Regel nicht wahrnehmen können. Wenn wir mit dem Fokus unseres Bewusstseins vollständig im Ego sind, können wir unseren Beitrag dazu, dass wir immer wieder 3D erschaffen, nicht sehen. Man kann nicht von außen etwas beobachten, mit dem man sich gerade von innen her identifiziert. Wir können uns zwar im Ego durchaus und sehr gut im permanenten Opferzustand fühlen, unsere eigene Täterschaft wird uns aber verborgen bleiben.

Deutlich erkennen kann man dies in vielen Gruppen auf Social-Media-Kanälen, bei denen sich zahlreiche Opfer tummeln, also Menschen, die sich energetisch als Märtyrer sehen und bestimmt auch schlimme Dinge erlebt haben. Man könnte ja meinen, dass diese Menschen besonders nett und vorsichtig miteinander umgingen. Manchen gelingt das sicherlich auch, aber es ist unfassbar zu sehen, wie schnell ein komplettes Chaos entsteht in diesen Gruppen und sich die Teilnehmer streiten ohne Ende. Verletzte Menschen verletzen. Leider. Bis dieses Thema aufgearbeitet ist.

Um in Richtung 5D zu wachsen, müssen wir unseren Fokus herauslösen aus den Energien des Täter-Opfer-Zyklus, und vor allem müssen wir uns energetisch aus dem Ego lösen. Da das Ego ja auch (und aus meiner Sicht vor allem) wie beschrieben Wächterfunktionen hat, ist es logischerweise bei verletzten Menschen oft besonders aktiv, vor allem wenn die Reaktion auf diese Verletzungen Wut ist. Indem wir uns in unserem Opfersein so wahnsinnig wichtig nehmen, sind wir nicht in der allumfassenden Liebe, sondern vor allem im Ego, was insgeheim Rache will.

Die Motivation, diesen steinigen Weg zu gehen, den manche etwas unglücklich »Schattenarbeit« nennen, bekommen wir aus eigenen schwierigen Erfahrungen. Der Weg ist allerdings leider etwas länger, als man denkt. Nur weil man mal den Begriff »Schattenarbeit« gehört hat (der ja übrigens auch auf C. G. Jung zurückgeht), hat man seine Schatten noch längst nicht alle gesehen.

Der Schatten

C. G. Jung hatte mit einem Begriff einen ganz besonderen Einfluss auf Beratung und Psychotherapie: der Schatten.

Wie ich schon andeutete, ist der Schatten ebenfalls ein Archetyp. Es ist in Träumen oder Märchen oft das Symbol des Gegenspielers, das der Held oder die Heldin[12] überwinden muss, so zum Beispiel einen Drachen oder die böse Stiefmutter. Der Schatten ist der Teil unserer Persönlichkeit, den wir meist nicht so richtig wahrnehmen wollen. Er ist die dunkle, triebhafte, manchmal auch als böse empfundene Seite in uns. Damit ist der Schatten auch in gewisser Weise mit dem »Es« bei Freud vergleichbar. Es kann zum Beispiel die neidische, die ausschweifende, die triebhaft-lustvolle, rachsüchtige, aggressive Seite in unserem Unbewussten sein. Wie wir oben bereits gesehen haben, sind auch Anima und Animus zunächst Teil des Schattens, also die unintegrierte weibliche Seite im Mann beziehungsweise die männliche Seite in der Frau. Aber der Schatten hat noch viel mehr zu bieten.

Wenn wir unsere Schattenanteile nicht sehen, führen sie trotzdem ein Eigenleben. Je mehr wir sie verdrängen und nicht wahrnehmen wollen, umso mehr kommen sie uns scheinbar von außen entgegen. Dies kann zum Beispiel in Projektionen und Schuldumkehr ausarten. Wie schon bei der Eifersucht angesprochen sehen wir dann den anderen als illoyal, aggressiv und nicht vertrauenswürdig, obwohl *wir* es sind, die dieses Thema haben und nicht sehen wollen. Menschen in toxischen Beziehungen werden ein Lied davon singen können, wie oft sie für etwas beschuldigt wurden, was dann der Partner selbst veranstaltet. Oft meint man, dass der andere dieses ganz bewusst tut, um Schaden anzurichten. Das mag wohl mal so sein, aber viel regelmäßiger haben wir es hier mit einem Schatten zu tun, der nicht integriert wird. Die Person, die wir von außen vielleicht als narzisstisch erleben, wird sich oft selbst als Opfer ihrer Umstände sehen und hat das Gefühl, sie oder er hätten das Recht, so zu handeln.

Aber auch die Menschen, die immer wieder als Opfer unter die Räder kommen in diesen giftigen Beziehungen, haben ein heftiges Thema mit dem eigenen Schatten. Sie sehen sich als die liebsten Menschen der Welt, wollen nur unbedingte Liebe versprühen. Sie sehen sich als Heiler, die alle anderen Menschen (und insbesondere ihre Partner) kurieren wollen. Tatsächlich geraten sie aber stets an Menschen, die sie immer wieder ausnutzen und Energie in vielen Formen von ihnen abziehen. Daraus entsteht dann das Narrativ des »Empathen« im Gegensatz zum »Narzissten«, natürlich mit dem Unterton, dass der Empath überlegen ist. Auch einen anderen heilen zu wollen hat etwas Grenzüberschreitendes und ist von echter Akzeptanz weit entfernt.

Spannend wird es wie gesagt, wenn man in Opfer-Gruppen auf Social-Media-Kanälen schaut. Klar, man unterstützt sich gegenseitig. Aber es geht mitnichten friedlich zu, viele von diesen Foren müssen wieder geschlossen werden, weil es manchmal aggressiv wird. All das zeigt den Schatten, der sich natürlich in Gruppen nochmals potenziert.

Nach Jung ist das Ziel des Lebens, immer mehr in seine Mitte zu kommen. Diesen Prozess nennt er »Individuation«.[13] Und ein solcher Weg erfordert zwingend die Integration des eigenen Schattens.

Die Integration[14] ist ein äußerst delikater und komplexer Prozess. Man möchte sich am liebsten von diesen Themen weit entfernt halten. Aber es ist so, dass der Schatten sich immer wieder in Themen und vor allem in Menschen zeigt, die einem begegnen. Wenn ich zum Beispiel einen Mangel an Grenzen habe, werden immer wieder Menschen versuchen, diese zu überschreiten. Man kann den eigenen Themen einfach nicht entfliehen, die Integration des Schattens ist eine nachgerade spirituelle Aufgabe, die wir uns auf höherer Ebene selbst gesetzt haben. Wir können die Partner wechseln, wir können die Freunde wechseln, wir können das Land wechseln: Wenn wir die Themen nicht im Innern angehen, werden sie uns immer wieder finden. Es sei denn, wir zögen uns in eine entfernte Berghöhle zurück.

Was genau nun der Schatten ist, muss jeder für sich selbst herausfinden. Das kann einem niemand abnehmen. Wenn ich immer wieder extrem narzisstische Menschen anziehe, heißt es nicht zwingend, dass ich ungelebte narzisstische Anteile habe. Aber: Vielleicht würde ich ja insgeheim manchmal gern die Rollen tauschen – oder? Es *kann* aber durchaus bedeuten, dass man selbst auch egoistische Anteile hat, die man vielleicht erst in einer anderen Beziehung bemerkt. Nämlich dann, wenn man einen sehr netten Partner datet.

Willst du nun deinen Schatten bearbeiten, geht es nicht darum, genauso zu werden wie der Partner, der dich schlecht behandelt hat. Aber der Partner ist wie ein Hinweisschild, in welche Richtung es geht. Wenn du dich immer zu sehr um andere drehst, immer zu nett bist, immer zu viel gibst, dann kann hier die Integration des Schattens bedeuten, dass du endlich für dich einstehst und gesunde Grenzen ziehst. Dass du endlich nicht wie ein Geldautomat bist, an dem jeder sich bedient. Es ist aus meiner Sicht ein Riesenirrtum, dass wir hier alle in Batik-Kleidern barfuß über Blumenwiesen schweben sollen. Dem Universum scheint es um Ausgleich zu gehen, dass wir überall in unsere Mitte kommen. Nicht zu nett, nicht zu gemein. Das ist im Übrigen auch die Essenz meines Liebeschip-Weges für meine Klienten. Die Partner zeigen dir, in welche Richtung du dich weiterentwickeln darfst.

Der Schatten hat viel mit dem Ego gemein, wie ich es hier definiert habe. Einige unbewusste Anteile des Egos gestalten den Schatten mit.

Menschen, die ihren Schatten integriert haben, sind buchstäblich in ihrer Mitte. Sie sind vorsichtig und bedacht mit ihren Aussagen. Sie schreien nicht nach außen, wie gut oder erleuchtet oder spirituell sie sind. Sie haben Achtung vor dem Leben und dem Weg jedes Einzelnen. Immer wenn Menschen andauernd auf andere zeigen, ihren Opferstatus übermäßig zelebrieren, sich für Heilige halten, ja sogar mit ihrer Schattenarbeit prahlen ... dann kannst du sicher sein, dass der Schatten noch auf seine Entdeckung wartet.

Wo kommt der Schatten her? Tja, das wird wohl niemand ganz genau sagen können. Ich denke, er entsteht vor allem aus biografischen Erfahrungen, aus Seiten, die die Eltern oder Bezugspersonen nicht spiegeln konnten oder wollten. Dazu kommen aber auch familiäre Schatten. Also psychische Themen, die sich durch mehrere Familiengenerationen ziehen. Und natürlich die Themen, die uns kulturell beschäftigen, die von der Gesellschaft als akzeptabel oder inakzeptabel gewertet werden. Seit den Pandemiezeiten sehen wir sehr viele Schatten, die bei den verschiedenen Gruppen sichtbar wurden.[15]

Wie gesagt, das Ego ist hier der blinde Fleck, ein Teil des Schattens. Wenn ich da so ein Ego-Ding draus mache, wie geil ich Schattenarbeit betreibe oder wie cool ich an meinem Trauma arbeite, und gleichzeitig meinen Körper auf Instagram in Szene setze, dann ist das sicherlich menschlich, aber nicht sehr 5D-mäßig. Das Ego der Selbstoptimierungsszene sowie der spirituellen Szene ist sicherlich eins der heftigsten. Das Ego sucht sich halt jede Lücke, um besonders sein zu können und extra Aufmerksamkeit zu erheischen. In dem Buch *Schattenarbeit* der amerikanischen Psychologin und Persönlichkeitstrainerin Debbie Ford heißt es zu dieser »dunklen Seite der Lichtjäger«:

> *»Als Individuen und als Mitglieder einer spezifischen Kultur selektieren und zensieren wir unsere Erfahrung fortwährend und schaffen so ein Egoideal von uns selbst und der Welt. Je mehr wir das Licht suchen, um so dichter wird der Schatten.«*[16]

Das Ego und Bindungsthemen

Das Bindungssystem des Menschen ist – wie im Kasten beschrieben – eines der bestuntersuchten Systeme der Psychologie überhaupt. Ich bin in meinen ersten beiden Büchern bereits ausführlich darauf eingegangen. An dieser Stelle sei einfach noch mal erwähnt, dass Menschen Herdentiere sind und völlig hilflos auf die Welt kommen. Funktionierende Bindungen wurden zumindest stammesgeschichtlich gebraucht, um das Überleben zu sichern. Entsprechend tiefgreifend sind diese Bedürfnisse nach Verbindung in uns verankert. Unser Bindungssystem meldet sich natürlich vor allem in der Verlustangst, wobei das keineswegs auf Liebesbeziehungen beschränkt ist. Wir können auch Angst haben, Freunde zu verlieren, Bekannte vor den Kopf zu stoßen oder ganz allgemein Aufmerksamkeit zu verlieren.

Bindungstheorie

Der britische Psychoanalytiker und Kinderpsychiater John Bowlby (1907–1990) entwickelte schon in den Vierziger- und Fünfzigerjahren ein bis heute bahnbrechendes Konzept der Wirkungen mangelnder Pflege und Zuwendung auf Babys und Kleinkinder.[17] Er bekam dazu sogar einen Auftrag der WHO, bei dem das Schicksal heimatloser Kinder im Nachkriegseuropa erforscht werden sollte. Bis dahin galten noch Ansichten aus den Zwanzigerjahren, dass man Kinder auf gar keinen Fall »verhätscheln« sollte. Tatsächlich war es damals nicht klar, dass die Umwelt auf Kinder so einen großen Einfluss hat. Bowlby bekam dazu enormen Gegenwind der lokalen Psychoanalytischen Gesellschaft zu spüren. In den Fünfzigerjahren erhielt er viel Mithilfe von der amerikanisch-kanadischen Psychologin Mary Ainsworth (1913–1999), die umfangreiche Datensammlungen bei einer großen Studie in Uganda erhob.[18] 1969 entwickelt sie schließlich den standardisierten »Fremde-Situations-Test«, mit dem das Bindungsmodell von Kindern während der Interaktionen mit ihren Müttern und fremden Personen ermittelt werden kann.

Der Einfluss der Bindungstheorie auf heutige Vorstellungen der richtigen Umgebung für Kinder kann gar nicht hoch genug gehängt werden. Man konnte auch erforschen, dass sich zu einem hohen Prozentsatz (bis zu 80 Prozent) das Bindungsmodell ins Erwachsenenalter fortsetzt. Auch die schon genannte Emotionsfokussierte Paartherapie (EFT) bezieht sich auf das Bindungsmodell.

Welche Bindungstypen gibt es? Sowohl bei Kindern als auch bei Erwachsenen gibt es natürlich den sicheren Bindungstyp, der sich sowohl gut binden kann als auch mal alleine klarkommt. Dann gibt es einen verlustängstlich-verstrickten Bindungstyp sowie als Gegensatz eine distanziert-abweisende Bindungsgestaltung. Außerdem gibt es noch einen ohnmächtig-desorganisierten Bindungstyp (oft nach Trauma-Erfahrung, auch der Mutter), bei dem grob gesagt zwischen Verlustangst und Bindungsangst gewechselt wird. Ein nicht sicherer Bindungsstil heißt übrigens keineswegs, dass man als Erwachsener nicht klarkommt. Die Wahrscheinlichkeit steigt nur im Sinne eines Risikofaktors.

Die Bindungstheorie ist übrigens sehr biologisch fundiert. Es geht einfach darum, dass das Kleinkind Strategien entwickelt, mit denen es am besten überlebt. Die Herstellung einer Bindung ist für einen hilflosen menschlichen Säugling einfach essenziell.

Es wurden auch spannende interkulturelle Studien angestellt, bei denen man sehen kann, wie stark die Kultur über Erziehung auf Bindungstypen einwirkt. In einer deutschen Studie in den Achtzigern fand man besonders viele Kinder mit einem vermeidenden Bindungstyp (52 Prozent, daneben 34 Prozent sicher und 12 Prozent verlustängstlich. 6 Prozent der Befragten konnte man keinem Bindungsstil zuordnen).[19] Vermuteter Grund ist besonderes Verstärken von »Unabhängigkeit« bei (west)deutschen Bezugspersonen. Genau andersherum war es bei einer japanischen Studie, bei der es überhaupt keine Vermeider gab.[20]

Der Quasigegenspieler dazu ist unser Bedürfnis nach Autonomie, Freiheit und Selbstbestimmung. Wenn diese Aspekte zu sehr bedroht scheinen, setzt das Gefühl von Bindungsangst ein. Dieser Begriff ist inzwischen auch fast Allgemeingut geworden, obwohl er nicht ganz präzise beschreibt, worum es geht. Es ist nicht immer wirklich Angst, die dann gefühlt wird, eher das Gefühl, sich frei machen zu wollen und einfach sein eigenes Leben zu leben.

An Verlust- und Bindungsangst ist erst mal überhaupt nichts falsch. Die Gefühle durchgängig zu pathologisieren wäre das Gleiche, wie zu sagen, man solle keinen Hunger haben. Wie alle Emotionen dienen auch diese dazu, uns eine Information zu geben, und sollen uns helfen, unser Verhalten auf die Befriedigung der zugrunde liegenden Bedürfnisse auszurichten. Beide Begriffe sind auch keineswegs so voneinander getrennt, wie man vielleicht meint. Viele Menschen vermeiden zum Beispiel Bindungen, weil sie erst gar nicht verlustängstlich werden wollen. Und viele Verlustängstler sind auch nur verlustängstlich, weil sie ihre eigene Bindungsangst darüber ausleben, bindungsvermeidende Menschen zu daten.

In beiden Zuständen existiert auf jeden Fall ein Gefühl von Bedrohung, das auch sehr existenziell ausfallen kann. Wie wir inzwischen wissen, ist dann auch unser Mafia-Boss, das Ego, nicht weit weg. Das wollen wir uns im Folgenden mal anschauen.

Das Ego des Minuspols: Bedürftigkeit nach vielen Personen

Ich bezeichne Menschen, die bindungsvermeidende Tendenzen aufweisen, immer gern als »Minuspole«. Das ist als ein neutralerer, nicht so emotional aufgeladener Begriff gemeint. Das Problem in diesem Pol ist: Einerseits möchte man viel Nähe leben, unter anderem, weil man nicht genug Selbstliebe aufbringt, andererseits hat man aufgrund der eigenen Charakterstruktur oder der Biografie erhebliche innere Vorbehalte gegen Bindungen oder die tatsächlichen oder vermeintlichen Verpflichtungen, die damit einhergehen. Da man dem Gegenüber das Hin und Her oder das Heiß-kalt-Verhalten, das daraus resultieren kann, natürlich nicht so gern zeigen mag, sind manche versucht, unter Umständen allerlei taktische »Kniffs« anzuwenden, damit die eigene Befindlichkeit nicht auffällt. Und damit sind wir natürlich wieder auf dem großen Feld der manipulativen Verhaltensweisen.

Besonders extrem ist dieses Verhalten bei Menschen beiderlei Geschlechts mit narzisstischen Neigungen. Da ist Manipulation und empathieloses Verhalten ja ein großer Teil der Problematik, und man nennt dieses Verhalten zu Recht »ego-istisch«.

Narzisstische Verhaltensweisen sind im Grunde eine Überlebensstrategie. Der Narzisst geht davon aus, dass eh jeder nur an sich denkt, und versucht, dieses Konkurrenzspiel für sich zu entscheiden. Diese Auffassung, dass es sowieso nur Gewinner und Verlierer gibt, ist ein typisches 3D-Mindset des Egos: die gewohnte Denkweise eines Menschen, die dafür verantwortlich ist, wie dieser in bestimmten Situationen reagiert.

Narzisstische Menschen agieren in der Regel sehr bindungsvermeidend. Das heißt aber nicht, dass sie gut allein zurande kämen. Ganz im Gegenteil, sie gehen ohne Aufmerksamkeit regelrecht ein. Diese Aufmerksamkeit – dabei ist es schon beinahe egal, ob diese positiv oder negativ ist – brauchen sie wie die Luft zum Leben. Aufmerksamkeit ist übrigens nicht gleich Liebe! Auch wenn Menschen einen hassen und dies auch kommunizieren, ist das (negative) Aufmerksamkeit.

Zu den egobasierten Zuständen gehört auch das ständige Jagen noch Dopamin-Highs. Diese finden aber nur statt, wenn es immer wieder neue Stimulationen gibt. So sind narzisstische Menschen extrem liebessüchtig (oder eigentlich aufmerksamkeitssüchtig), aber meist nicht nach einer bestimmten Person, sondern nach einer Menge von Personen. Die Aufmerksamkeit eines einzigen Menschen ist nie genug, so werden weitere meist heimliche Kontakte gepflegt. Es gibt dazu die Stichworte »Keine Dreiecke« auf meinem YouTube-Kanal, da diese Dreiecksbeziehungen (es können auch »Vielecke« sein) hier fast Standardprobleme bei den Fragen meiner Rezipienten sind (es sind natürlich nicht alle Menschen in Dreiecksbeziehungen Narzissten).

Man könnte ja meinen, narzisstische Menschen hätten ein großes Selbstbewusstsein. Doch das Gegenteil ist der Fall. Es handelt sich bei ihrem Verhalten nicht um einen Ausdruck von Selbstbewusstsein, sondern um das typische aufgeblähte Ego. Deutlich zu sehen ist das an der mangelnden Kritikfähigkeit des Narzissten. Wer wirklich selbstbewusst ist, kann mit Kritik relativ locker umgehen. Wer sich aber nur auf das wackelige Gebäude des Egos stützt, hat keinen wirklichen Halt und reagiert extrem dünnhäutig.

Es gibt wenig Liebe in solchen narzisstischen Beziehungen. Man erlebt nur das rauschhafte Verliebtsein und anfängliches Überschütten mit Bestätigung. Das wahre Gesicht zeigt sich spätestens, wenn die erste Phase des Kritisierens anfängt.

Auch narzisstische Menschen suchen letztlich natürlich nach echter Liebe und sind jedes Mal zutiefst enttäuscht, wenn auch der nächste Partner diese Leere wieder nicht füllen kann.

Insgesamt kann man das Ego hier ziemlich pur am Werk sehen, das eigentlich die Intention hat, die inneren verletzlichen oder traumatisierten Anteile zu schützen. Aber es ist halt wieder dieses etwas Herzlose, dieses Ringen um Aufmerksamkeit um jeden Preis, selbst wenn dafür sogar Lug und Trug eingesetzt werden. Wenn das Ego diesen vermeintlichen Schutz nicht böte, dann müsste man sich in Gänze seinem Schmerzkörper stellen, man müsste sich seinen eigenen Schatten stellen. Und das erscheint den Narzissten fast unmöglich.

Im Minuspol erlebt man nicht so viel Leid, solange es einem gelingt, von der Aufmerksamkeitsenergie anderer Menschen zu leben. Man lebt inmitten dieses blinden Flecks und sieht ihn eigentlich erst, wenn man nicht mehr durchkommt mit dieser manipulativen Art, sein Leben zu gestalten.

Eigentlich finde ich es immer etwas schwierig, von narzisstischen oder »toxischen« Menschen zu reden, weil es ein Modus ist, in den jeder von uns eintreten kann und es auch tut. Klar, manche Menschen sind vielleicht weniger bewusst als andere, aber jeder ist auf seinem Weg durch wohl viele Leben. Wir dürfen uns schützen und Menschen für uns beurteilen, wir sollten aber nicht verurteilen. Wenn man auf solche Menschen hochmütig herunterblickt, kann man sicher sein, dass man in seiner eigenen Egowelt lebt. Wir sprachen ja schon von der »dunklen Seite der Lichtjäger«. Aber auch in der Bibel gibt es ein klares Beispiel dazu (das Gleichnis vom Pharisäer und vom Zöllner):

»Er sagte aber zu einigen, die sich anmaßten, fromm zu sein, und verachteten die andern, dies Gleichnis:

Es gingen zwei Menschen hinauf in den Tempel, um zu beten, der eine ein Pharisäer, der andere ein Zöllner.

Der Pharisäer stand für sich und betete so: Ich danke dir, Gott, dass ich nicht bin wie die andern Leute, Räuber, Betrüger, Ehebrecher oder auch wie dieser Zöllner.

Ich faste zweimal in der Woche und gebe den Zehnten von allem, was ich einnehme.

Der Zöllner aber stand ferne, wollte auch die Augen nicht aufheben zum Himmel, sondern schlug an seine Brust und sprach: Gott, sei mir Sünder gnädig!

Ich sage euch: Dieser ging gerechtfertigt hinab in sein Haus, nicht jener. Denn wer sich selbst erhöht, der wird erniedrigt werden; und wer sich selbst erniedrigt, der wird erhöht werden« (Lk 18, 9–14).

Etwas profaner ausgedrückt kann man also sagen: Wir sollten vorsichtig sein, bevor wir zu schnell meinen, wir hätten alles für uns geklärt und den vollen Durchblick. Denn niemand hat den »vollen Durchblick«. Aber das gehört zum »Unperfekt-Perfekten« des menschlichen Lebens einfach dazu.

Jeder von uns hat einen Ego-Anteil, jeder von uns hat blinde Flecken, jeder manipuliert mal (in der Regel täglich, zumindest ganz subtil), und so kann jeder mal oder öfter eine richtig narzisstische Ader haben, vor allem wenn man gerade im eigenen Schmerzkörper ist.

Also kurz gesagt: Das narzisstische Gen steckt in jedem von uns. Um noch mal die Bibel frei zu zitieren: Es ist besser, sich um den Balken im eigenen Auge zu kümmern als um den Splitter im Auge des anderen (Lk 6, 41–42). Natürlich kann auch der andere einen Riesenbalken im Auge haben, ich sage trotzdem immer ganz gern zu diesem Thema: Halt deine eigene Spielfläche sauber! Besonders, bevor du versuchst, andere zu »be-kehren«.

Das Ego des Pluspols: Abhängigkeit von einer Person

Als den »Pluspol« bezeichne ich den Teil einer Beziehung, der sich koabhängig aufopfert für den anderen und versucht, ihm alles recht zu machen. Fast alle Menschen, die zu meiner Arbeit finden, haben sich zumindest zeitweise beziehungsweise in mindestens einer Partnerschaft mal im Pluspol befunden. Typischerweise geht dies mit heftigem Leiden einher, was einen überhaupt erst auf die Suche gehen lässt nach neuen Lösungen für das eigene Beziehungsleben. Insofern ist dieser Leid-Moment an sich sicherlich nicht ein Ego-Moment, es ist tatsächlich ein erster wichtiger Bewusstseinsschritt. Trotzdem ist man aus dieser Nummer überhaupt noch nicht raus. Nicht umsonst sprechen wir ja vom Täter-Opfer-Zyklus.

Zunächst gilt es einmal, genau zu analysieren, was man denn da in so einer Beziehung gemacht hat. Typischerweise wird man auch hier innere Leere und Selbstliebe-Defizite finden, die ebenfalls zu einer oft suchtartigen Anhänglichkeit führen, aber in diesem Fall dann eben zur Abhängigkeit von einer Person.

Man fühlt sich in diesen Beziehungen oft wie ein Heiliger, der reine Liebe praktiziert. Das Gefühl sollte man nicht a priori infrage stellen. Aber man sollte schon mal überlegen, warum man diese reinen Gefühle vor allem zu einem emotional nicht verfügbaren Partner fühlt. Partner, die sich einlassen würden, wertet man oft ab, weil man den »Vibe« zu ihnen nicht fühlt. Also sollte man seine eigenen Mauern untersuchen. Hier ist ebenfalls der Schatten die unbewusste Stelle.

Auch bei der Liebe, mit der man den Partner überschüttet, lohnt sich ein genauerer Blick. Ist diese Liebe wirklich so bedingungslos, wie man vielleicht denkt? Oft ist es tatsächlich so, dass da ein alter Glaubenssatz aktiv ist. Dieser sagt, dass man eigentlich unwürdig ist, geliebt zu werden, und sich deshalb zumindest unheimlich anstrengen muss für diese Liebe. Dieser Glaubenssatz sagt auch, dass man bestimmt endlich geliebt wird und für gut genug geachtet, wenn man ganz viel Liebe vorab gibt.

Wenn man dann aber so viel gegeben hat, mehr, als man eigentlich hat, und dann merkt, dass auf der anderen Seite ein Sieb ist, durch das alles sickert, dann sieht man doch irgendwann, dass die eigene Liebe nicht ganz so bedingungslos ist.

Viele Pluspole führen ein unbewusstes Konto, und wenn dieses Konto massiv im Minus ist, »flippt« der Pluspol oft irgendwann völlig aus und wird sehr wütend. Eigentlich ist dies für die eigene Bewusstwerdung bestimmt ein gutes Zeichen, andererseits ist dann auch hier wieder das Ego am Werk. Man verliert vielleicht völlig die Fassung und fühlt sich im Recht, weil man ja so draufgezahlt hat – obwohl einen wahrscheinlich niemand darum gebeten hatte. Auch hier empfehle ich daher, erst mal die eigene Spielfläche sauber zu halten, was nicht heißt, dass man sich gegebenenfalls nicht ruhig und cool abgrenzen sollte.

Problematischer wird es oft in der Endphase solcher toxischer Beziehungen und auch vor allem danach. Wie wir schon oben an dem Rosenkrieg-Paradoxon gesehen haben, kommt jetzt der »Schwur«. Wenn es wirklich eine so reine Liebe war, sollte die ja eine Trennung überstehen, zumindest innerlich. Wenn man dann aber im Verlaufe der Trennung so wütend wird, dass man versucht, anderen zu schaden, dann sollte man sich mal auf Ego-Themen überprüfen.

Nehmen wir mal an, man hat sich zum Beispiel als Teil eines Dreiecks auf eine heimliche Affäre eingelassen in der Hoffnung auf eine Beziehung. Wenn man jetzt feststellt, dass man belogen wurde und diese Affäre nicht in eine Beziehung umgewandelt wird, dann sollte man nicht aus Wut den Expartner öffentlich an den Pranger stellen und versuchen, ihm damit zu schaden. Gern stellen sich Pluspole oft als Aufklärer dar und wähnen sich als die »Guten«, sie sind aber doch weiter Teil der Täter-Opfer-Dynamik, die genau diese Stufen durchläuft.

Bei Pluspolen wird das Ego auch häufig über den Partner gelebt. Wenn man selbst nicht viel Aufmerksamkeit auf sich lenken kann, dann geht es vielleicht darüber, mit einem Partner zusammen zu sein, dem viel Aufmerksamkeit zuteilwird. Das muss, dies sei nochmals gesagt, überhaupt nicht bewusst sein. Man sollte sich aber mal folgende Fragen stellen: Wenn ich die gleichen Möglichkeiten hätte wie der Partner, den ich vielleicht als »toxisch« erlebt habe, was würde ich dann machen? Würde *ich* wirklich so ein heiliges Beziehungsleben leben? Oder würde ich auch mal ausprobieren, wie weit ich durchkomme damit, möglichst viel »mitzunehmen«, bis ich irgendwo begrenzt werde?

Ich möchte hier natürlich nicht sagen, dass beide Teile dieser Plus-minus-Beziehungen gleiche Täter-Anteile haben. Viele Menschen in meinen Kursen erlebten wirklich einen regelrechten Beziehungshorror. Ich will nur deutlich machen, dass wir lange Zeit in einer 3D-Täter-Opfer-Welt lebten, in der wir mit *Sicherheit* beide Rollen innehatten, wenn auch nicht in gleicher Weise in diesem einen Leben.

Ich habe mit vielen Menschen gearbeitet, die nach toxischen Beziehungen in ihren ersten »normaleren« Beziehungen entsetzt feststellten, dass sie selbst durchaus zu kleinen oder größeren Lügen und Illoyalitäten in der Lage sind …

Vielleicht möchtest du in diesem Leben einige Dinge wieder glattziehen, aber vielleicht hast du auch in diesem oder in einem Vorleben ordentlich die Sau rausgelassen. Wenn wir uns Richtung 5D entwickeln wollen, ob als Individuen oder als Kollektiv, *müssen* wir beide Rollen auflösen und endlich zum Gestalter unserer Liebeswelt werden.

Unteraktivierte Beziehung als Abspulen von Regeln

Wir sprachen ja schon von Menschen in extrem ruhigen Beziehungen – fast ohne jeglichen Plus- oder Minuspol –: Sie haben in aller Regel keine Themen mit einem Rosenkrieg nach der Trennung, und diese Beziehungen sind in aller Regel auch nicht offensichtlich toxisch. Ganz im Gegenteil, sie laufen oft scheinbar sehr freundschaftlich ab. Interessanterweise kommt hier aber schnell die Frage auf, ob sie wirklich glücklich sind.

Wenn man eine Historie hat von toxischen Achterbahnbeziehungen, wird man vielleicht froh sein, endlich in einer solch entspannten Zweisamkeit zur Ruhe zu finden, und das ist bestimmt zunächst gut so. Aber vielleicht spürt man erst jetzt, dass intensive Beziehungen auch einen Vorteil haben: Man fühlt sich sehr lebendig in ihnen und hat oft den Eindruck, dass es irgendwie sinnvoll ist, durch die aufkommenden Themen zu gehen. Das soll natürlich kein Aufruf sein, in toxischen Beziehungen zu bleiben. Aber das ganze Gegenteil davon, die »hypersichere« Beziehung auf ewig, ist auch nicht der Weisheit letzter Schluss.

Ich hatte wie gesagt viele Paare in der Therapie, die direkt in diese unteraktivierten Beziehungen hereingerutscht sind. Sie sind früh zusammengekommen, haben geheiratet, Kinder bekommen und ein nach gesellschaftlichen Maßstäben »ganz normales« Leben geführt. Sie sind nicht wirklich glücklich, aber irgendwie auch nicht unglücklich. Selbst wenn sie sich unglücklich fühlen, wüssten sie nicht, warum genau. Ihr Partner hat nichts wirklich Gravierendes falsch gemacht. Und dann bleibt man doch zusammen … oder?

Diese Beziehungen sind irgendwie langweilig. Es fehlt der Funke, das Verrückte, das Experimentelle, wovon toxische Beziehungen viel zu viel haben. Da beide Partner das Leben »sicher« angehen wollen, machen sie das, was die Gesellschaft ihnen sagt. Früher hatten sie unter Umständen noch nicht mal Sex *vor* der Ehe (*danach* übrigens auch nicht viel, außer um die Kinder zu zeugen). Obwohl sie alles »richtig« machen, fühlt sich der Kontakt irgendwie blutleer an.

Es ist gefährlich, sein Leben immer in der scheinbaren Komfortzone zu leben. Viele Coachs sagen nicht ganz zu Unrecht, diese Zone sei die gefährlichste. Es kann sehr frustrierend sein, irgendwann alt zu sein und festzustellen, dass man eigentlich nichts gewagt hat und den »verrückten« Ideen der eigenen Seele nicht gefolgt ist.

Ich war ja selbst in einigen toxischen Beziehungen, und es war teilweise echt die Hölle. Es gibt auch keinen Grund, das schönzureden, und ich möchte das Erlebnis nicht wiederholen. Trotzdem gibt es mit viel Abstand das Gefühl, mal etwas Verrücktes ausprobiert und die eigenen Grenzen getestet zu haben. Und das ist auch irgendwie befriedigend und hat mich weitergebracht.

Ich denke, es geht darum, eine Art Mittelweg zu finden. Denk ruhig mal völlig *out of the box*, aber lass dich nicht schlecht behandeln oder laufe hinter Menschen hinterher, die dich nicht wertschätzen! Trau dich, deine eigenen Bedürfnisse anzusprechen, und sei mutig, sie auch zu leben. Wir haben heute viel mehr Freiheiten als früher. Nutze sie, aber bleib fair und informiere deine Partner entsprechend. Ich denke, dies ist der Weg des Übergangs in die fünfte Dimension, den wir gleich aus verschiedenen Perspektiven genauer beleuchten wollen.

Die Ego-Liebe in den Medien

Ob gewollt oder nicht, Medien spielen natürlich eine erhebliche Rolle bei der Einschätzung unseres (Beziehungs)lebens. Früher waren es vor allem Bücher, heute sind es aber natürlich Filme, Serien und so weiter. Manchmal wird diese Welt im Coaching-Bereich auch gern als »Matrix« bezeichnet (nach dem gleichnamigen Film, auf den wir noch zu sprechen kommen). Damit ist gemeint, dass eine Art Fantasiewelt gezeichnet wird, die teilweise keinerlei Bezug zur Realität hat.

Problematisch sind vor allem die klassischen Liebesfilme und -komödien. In diesen Filmen wird zum Beispiel sehr häufig ein Datingverhalten von Männern gezeigt, das in der Realität überhaupt nicht funktioniert. So machen sich in vielen Filmen Männer regelrecht zum »Affen«, gewinnen aber trotzdem durch endloses Beteuern ihrer Liebe und irgendwelche Super-Dates die endlose Liebe ihrer extrem attraktiven Angebeteten. Männer im echten Leben kopieren diese Verhaltensweisen und verstehen nicht, warum das überhaupt nicht funktioniert (mehr dazu in meinem Buch *Der Liebescode*).

Auch viele 3D-Mythen über Beziehungen werden hier immer wieder transportiert, zum Beispiel »Wenn es wehtut, dann ist es echte Liebe«. Nichts könnte weniger wahr sein. Zusammengefasst kann man sagen, es wird überwiegend die Ego-Liebe gezeigt und transportiert.

Ich will den Medien hier aber nicht global die Schuld geben, sie senden ja auch, was wir sehen wollen, und wenn unser Ego vornedran ist, dann lieben wir halt das Drama. Wir wollen sehen, dass zumindest andere scheinbar ihre Ego-Wünsche erfüllt bekommen, weil dann ja noch Hoffnung für uns besteht.

Ein interessantes Genre unserer Zeit ist das Reality-TV mit den vielen Dating-Shows. Witzigerweise zeigt sich hier viel klarer, wie 3D-Dating heute läuft und welche toxischen Strukturen an der Oberfläche liegen. Man kann eigentlich sagen, je toxischer sich zum Beispiel ein Mann in diesen Shows verhält, umso mehr Erfolg scheint er bei den Frauen zu haben. Gleichzeitig wird natürlich zwischen den Zeilen weiter der Eindruck erweckt, dass man für Erfolg einen massiv bearbeiteten Körper braucht, was schon echt skurrile Blüten treibt. Reality-TV ist eine Art Gegenwelt zu seichten Liebesfilmen. Aber diese Welt ist auch nicht weniger extrem, weil sie ebenfalls eine reine Ego-Sache zeigt, was auch irgendwie sinnentleert ist und uns nicht weiterbringt.

Auch viele Tipps und Ratgeberseiten im Netz hinken der Realität weit hinterher. Sie sind meines Erachtens noch in der Welt der traditionellen 3D-Beziehungstipps und reflektieren nicht die heftigen Veränderungen, die uns bevorstehen. Oft geht es zum Beispiel noch hauptsächlich um Kommunikation. Die ist natürlich wichtig, aber wird sehr überschätzt. In toxischen Beziehungen zum Beispiel nutzt konstruktive Kommunikation einfach mal gar nichts. Viel wichtiger ist hier und auch in unserer zukünftigen Beziehungswelt, glasklar zu wissen, wohin man eigentlich will – jenseits unserer eigenen Bedürftigkeit.

Bauchgefühl als Reaktion aufs Ego: Ein guter Indikator

Man könnte vielleicht meinen, es sei sehr schwierig zu erkennen, ob jemand aus dem Ego handelt oder nicht. Tatsächlich ist es extrem einfach. Die Intuition, auf die wir ebenfalls später noch einmal zu sprechen kommen, hilft uns dabei: das sogenannte Bauchgefühl.

In jüngeren Generationen hat sich zum Beispiel dazu als einer unter mehreren Begriffen das Wort *fake* etabliert (engl. *fake* [Fälschung]). Das Ego will sich sozusagen undercover Vorteile verschaffen und versucht dazu auch gegebenenfalls, besonders nett rüberzukommen, um ebendiese eigenen Ziele zu erreichen. Ich persönlich finde, man merkt es sofort, wenn an der Darstellung einer Person etwas falsch ist und es eigentlich nur darum geht, den Treibstoff der Aufmerksamkeit für das Ego zu bekommen. Man hat ein sperriges Bauchgefühl und ist eigentlich gleich schon irgendwie etwas »angetriggert« (außer man geht dieser Aufmerksamkeitssucht zeitweise auf den Leim, was ja zuweilen passieren kann; ich frage mich allerdings nur, was das über das eigene Ego aussagt).

Wenn man selbst völlig egofrei wäre (was ich definitiv nicht bin und auch nicht zu werden plane), dann würde einen wahrscheinlich gar nichts mehr antriggern. Aber auf dem Weg hin zu einer Welt ohne viel Ego werden wir, meine ich, alle feinfühliger für die Motivationen, aus denen Menschen etwas tun. Feinfühliger ist, trotzdem selbst nicht ausschließlich aus dem eigenen Ego heraus zu reagieren, auch wenn andere uns täuschen. Das kann zu einer Herkulesaufgabe ausarten! Doch wenn wir ebenfalls aus dem Ego reagieren und auf den anderen herabsehen, füttern wir natürlich nur wieder gegenseitig unsere Schmerzkörper. Gerade ist eine gute Zeit, immer mehr zu sehen, wer aus welchen Gründen was macht. Und trotzdem mit Liebe und vor allem Selbstliebe darauf zu schauen.

Bezüglich des Egos lohnt es sich in diesem Zusammenhang auch, einen Blick auf Tiere zu werfen. Ich denke, Tiere haben eine ganz andere Rolle als wir Menschen. Sie erleben wohl insgesamt gesehen weniger Dissonanz und Reibung und sind mehr in Resonanz mit »allem, was ist«. Wir schauen häufig mit einem verklärten Blick auf Tiere, weil wir enttäuscht von den Menschen sind, und das ist absolut verständlich. Es ist nachvollziehbar, in diesen wirren Zeiten manchmal neidisch auf Tiere zu blicken, die offenbar doch einfach viel mehr im Moment leben und sich leichter freuen können. Bei Tieren kann man gut sehen, dass trotz Beuteverhaltens und Rangkämpfen bedingungslose Liebe (etwa für den eigenen Nachwuchs) und Im-Moment-Sein auch im Kreislauf des Fressens und Gefressenwerdens in unserer Dualität zusammengehen.

Wir Menschen haben dennoch einen anderen Plan. Wir entwickeln uns gerade recht mühsam in Richtung Überbewusstsein und müssen dafür scheinbar durch diese Feuerphase des Egos durch. Wir entwickeln etwas Neues, ein hohes Bewusstsein in einer definierten Form. Um wirklich bewusst zu werden, müssen wir mit einem möglichst neutralen Blick auf alles schauen, wir müssen die romantisierende Brille ablegen. Diese unbegründete Romantik ist auch ein Teil von 3D, der Dimension, die wir jetzt immer mehr verlassen.

Die vierte Dimension: Zeit des Übergangs

Man kann darüber streiten, ob es tatsächlich einen ganz klaren Zwischenschritt zwischen 3D und 5D gibt oder ob es sich einfach um den Übergang zwischen zwei grundverschiedenen Seinsqualitäten handelt. Fest steht für mich wie gesagt, dass wir uns gerade in dieser Phase des Übergangs befinden, die extrem nervenaufreibend und turbulent ist. Wir können nun komplett in einen 3D-Modus gehen und weiterhin mit Inbrunst das Täter-Opfer-Spiel spielen, wir können aber auch momentweise in einer Begegnung mit einem Fremden plötzlich 5D fühlen. Es ist ein bisschen, wie wenn das Wetter wechselt und eine Gewitterfront damit einhergeht – oder plötzlich ein Regenbogen erscheint.

Es gab im spirituellen Bereich viele Hinweise, dass 2020 ein ganz besonderes Jahr werden würde. Ich glaube aber, niemand hätte gedacht, dass dann so etwas wie eine Pandemie kommt. Natürlich gab es schon viele derartige schlimme Ereignisse, doch dass ein solches Geschehen praktisch weltweit gleichzeitig läuft (und dies auch medial), ist nach menschlichen Maßstäben gemessen doch recht einzigartig. Plötzlich musste sich eigentlich praktisch jeder seinen eigenen Ängsten stellen. In erster Linie ging und geht es natürlich um die Gesundheit, aber man hatte und hat auch Ängste vor dem finanziellen Ruin oder vor Kontrolle und Verlust der Freiheit.

Gleichzeitig wurde unsere Welt so polar, wie zumindest ich sie noch nie erlebt habe. 3D zeigte sich noch mal in Reinkultur. Manche Menschen waren und sind erbittert gegen das Impfen. Manche erbittert dafür. Viele Familien wie auch Freundschaften zerbrachen und zerbrechen vielleicht noch an diesen Themen. Ich habe in diesen Tagen 3D zum ersten Mal so richtig verstanden. 3D ist eigentlich nicht das »Dunkel«, weil 3D doch immer noch etwas recht Relatives ist. Was der eine vielleicht als dunkel empfindet, kann für den anderen gleichsam eine Offenbarung sein. Ein Beispiel können bestimmte Formen von Sexualität sein (BDSM et cetera), die für viele gar nichts sind oder auch »dirty« und für andere die einzige Form, die sie leben wollen. Oder manche mögen lockere, ständig wechselnde Beziehungen, andere finden das nur schrecklich.

3D ist daher vor allem dieser permanente Kampf gegeneinander und gegen sich selbst. Und dieser Kampf ist mal wieder richtig entbrannt. Aber so schlimm die Pandemie auch sein mag, so ist sie doch etwas, bei dem wir unsere Muster klar erkennen können.

Warum scheinbar alles schlimmer wird

Die Pandemie ist natürlich eine Katastrophe globalen Ausmaßes, und sie dominiert zu der Zeit, da ich diese Zeilen schreibe, schon zwei Jahre das Denken und Handeln aller Gesellschaften. Aber über einen größeren Zeitraum betrachtet scheint die Welt trotz aller Abstriche, die man realistischerweise machen muss, immer besser zu werden.

Die Kindersterblichkeit ist seit dem Mittelalter extrem gesunken. Zur damaligen Zeit erreichten an die 50 Prozent nicht die Pubertät. Noch im neunzehnten Jahrhundert starben in Deutschland zweihundertfünfzig von tausend Kindern. Da viele Kinder an Infektionskrankheiten starben, kann man sich – ohne die aktuelle Krise bagatellisieren zu wollen – ausmalen, was es nicht schon alles Schlimmes vor Corona gegeben hat.

Es leben insbesondere seit hundert Jahren viel mehr Menschen unter einigermaßen demokratischen Verhältnissen,[21] oder es gibt zumindest Wahlen (auch wenn hier noch ganz viel Luft nach oben ist).

Immer weniger Menschen leben in absoluter Armut. Die Zahl sank von 94 Prozent der Weltbevölkerung 1820 auf etwa 10 Prozent heute.[22]

Ich denke, die Omnipräsenz der Medien spielt eine große Rolle dabei, dass man das Gefühl hat, es würde immer schlechter auf der Welt werden. Schlechte Nachrichten er wecken eben mehr Aufmerksamkeit und erhöhen somit Einschaltquoten, Auflagenzahlen und Klickraten. Hier passt vielleicht das Bild einer asiatischen Weisheit, dass man das Krachen eines einzelnen fallenden Baums weithin hört, das Wachsen des gesamten Waldes aber nicht.

Wie gesagt: Es soll kein Leid relativiert oder gar geleugnet werden. Aber obwohl weite Teile der Bevölkerung eher weniger oder gar nicht direkt von alldem betroffen waren, wurde es für die Psyche der Allgemeinheit fast alles bestimmend. Das liegt neben der Informationsflut und den zum Schutz der Allgemeinheit getroffenen Restriktionen natürlich auch an Emotionen wie Angst, aber auch Empathie. Doch woran noch?

Ich erinnere mich bei diesem Thema an einen meiner ersten Klienten. Er hatte einen schweren Unfall auf einer bestimmten Straße, an dem er auch ursächlich beteiligt war. Dieser Unfall hatte infolge schwerer Verletzungen eine Vielzahl an Konsequenzen für ihn und war sehr traumatisch. Nach etwa anderthalb Jahren hatte er an der gleichen Stelle einen Bagatellunfall, an dem er aber auf dem Beifahrersitz saß. Es war eines dieser vollkommen unfassbaren Ereignisse, bei denen man denkt: Das kann kein Zufall sein. Es handelt sich wohl eher um so was wie Jung'sche Synchronizität. Dieser Unfall mit geringem Schaden war jedenfalls wie ein »Mini-Trauma«, das aber aufgrund der gleichen Thematik half, auch das große Trauma mitzuheilen.

Synchronizität

Auch der Begriff »Synchronizität« geht auf C. G. Jung zurück (gr. *sýn* [gleichzeitig u. a.] und *chrónos* [Zeit]). Damit ist gemeint, dass zwei sehr ähnliche Dinge gemeinsam oder kurz hintereinander auftreten, aber keinerlei physikalische Kausalität (keinen ursächlichen Zusammenhang) haben. Jung nannte als Beispiel den Traum einer jungen Patientin, in dem sie als Geschenk einen goldenen Skarabäus erhielt. Als dieser Traum Jung erzählt wird, fliegt in diesem Moment ein Käfer (soweit es in diesen Breiten möglich ist, artverwandt) laut klopfend an die Fensterscheibe des Therapieraums.

Jung meinte vor allem, dass sich eigene innere Themen beziehungsweise starke innere Visionen oder Träume im Außen zeigen, was man therapeutisch umsetzen kann. Heute benutzt man den Begriff breiter, zum Beispiel wenn man plötzlich an jemanden denkt, an den man lange nicht gedacht hat, und die Person im gleichen Moment anruft. Ich erinnere mich an diese skurrile Geschichte aus meinem Leben: Ich blättere in einer TV-Programmzeitschrift. Bevor ich die Seite umdrehe, denke ich: »Abyss« (Abgrund). Ich drehe die Seite um, und da steht der Film »The Abyss« (an sich schon sehr archetypisch). Das war vor dem Zeitalter des Internets, und ich hatte den Begriff noch nie vernommen.

Mittlerweile geht man in der spirituellen Welt davon aus, dass sich häufende Synchronizitäten anzeigen sollen, dass man auf dem richtigen Weg ist und sich weiterentwickelt. Ich bin da immer etwas zurückhaltend. Mir scheinen Synchronizitäten zwar aufregend, aber manchmal auch ziemlich banal zu sein, und das Leben redet eigentlich ständig mit uns über die Dinge, die uns passieren.

Dieser Begriff »Synchronizität« ist ein wunderbares Beispiel dafür, wie sehr Spiritualität und Wissenschaft leider (noch) auseinanderliegen. In der Wissenschaft wird so etwas natürlich abgetan bis heute (ist ja auch kaum erforschbar), in alternativen Communitys oder auch in der Alltagswahrnehmung zweifelt kaum jemand daran, dass es so etwas gibt.

Ich denke, der gesunde Mittelweg ist hier der beste. Ich glaube schon, dass das »Universum« manchmal über bestimmte Ereignisse mit uns kommuniziert. Man kann sich da aber auch reinsteigern, und dann wird es definitiv schnell ungesund. Doch an dem Beispiel mit dem Unfall sieht man schon, dass für einen Therapieprozess solche Steilvorlagen etwas Wunderbares sind und sich geradezu aufdrängen.

Ich persönlich empfinde Spiritualität als das Sahnehäubchen, aber es muss auch ohne gehen. Das liebe ich an der Psychologie, dass man da einfach ein stabiles, handfestes Fundament hat. Größere Sichtweisen machen das Ganze bunter, sind aber nicht zwingend notwendig.

Ich möchte jetzt niemandem zu nahe treten und die Corona-Pandemie als »Mini-Trauma« bezeichnen. Aber ich könnte mir vorstellen, das Ganze schockiert uns unter anderem deshalb so, weil wir im kollektiven Unbewussten viele schlimme Seuchen aus der Vergangenheit abgespeichert haben, die unter ganz anderen Umständen um sich griffen und in denen dann zum Beispiel nicht in so relativ kurzer Zeit ein Impfstoff bereitgestellt werden konnte. Vielleicht können wir also mit der Überwindung dieses weltweiten Szenarios jene tief in unserer Ahnenreihe verwurzelten Themen auf dem Weg zu 5D angehen. Dorthin können wir nämlich diese ganzen Ängste nicht mitnehmen, sie werden dort nicht mehr benötigt.

Es geht hier nicht um Optimismus, sondern die zugegebenermaßen utopische Idee, dass wir mit einer höheren Schwingung schlicht und ergreifend nicht mehr in so einem Angstfeld sind. Oder andersherum ausgedrückt: Wir können mit unseren bestehenden Angstfeldern nicht in 5D eintreten. Das geht energetisch einfach nicht. Insofern müssen wir uns alle jetzt unseren Themen stellen, ob wir wollen oder nicht.

Ein weiteres Thema, das wir angehen können, ist »Verfolgung«. Verfolgt zu werden aufgrund seiner Religion, seiner Überzeugungen, seiner Nationalität oder Hautfarbe ist ebenfalls tief in uns verankert. Diese Themen werden über die Leugnerszene verarbeitet, die eine geheime Weltregierung hinter der ganzen Pandemie vermutet.

Selbst wenn wir mal ein kleineres Karo stricken, sehen wir in dieser Zeit Dualität *at its best.* Unter praktisch jedem Post im Netz drehen die Menschen komplett durch und beschimpfen sich gegenseitig. Vor allem was das Impfthema angeht. Jahrelange Freundschaften zerbrechen daran, wie mir nicht nur meine Klienten erzählten. Jeder hat seine eigene Meinung dazu, und viele haben das Gefühl, sie müssen ihren Nächsten mit ihren Ansichten überschütten. Dabei vertreten sie kategorisch ihre Meinung und sind für andere Argumente völlig unzugänglich. Vielleicht hast oder hattest du auch einen Freund, der dir jeden Tag neue Nachrichten schickt(e), ob pro oder kontra Impfen, Lockdown und so weiter.

Was wir daraus lernen dürfen, ist aus meiner Sicht unter anderem, endlich unsere Bewertungen hinter uns zu lassen. Zu akzeptieren, dass wir unendliche Schöpferwesen sind und ohnehin ständig eine neue Realität kreieren. Insofern gibt es schlicht nicht die *eine* absolute Realität. Das klappt schon in Beziehungen nicht, wie wir alle wissen. Jeder hat natürlich das Recht auf seine eigene Wirklichkeit, solange er niemandem damit schadet, er soll beziehungsweise muss dann allerdings auch die Konsequenzen tragen. Wenn ich beispielsweise meine, in einer Realität zu leben, in der irgendeine dunkle Macht bald die Welt übernimmt (oder ein, wenn auch nur vermutlich, *künstlich* produziertes Virus oder was auch immer), muss ich die entsprechenden Gefühle dazu wie Angst auch selbst aushalten. Ich sollte aber akzeptieren können, dass mein Nachbar sich womöglich in einer ganz anderen Realität sieht.

Trotzdem bleibt die Frage berechtigt: »Warum jetzt?«, falls man nicht sagt, es sei einfach Zufall. Nun, wie du weißt, glaube ich persönlich mal so gar nicht an Zufall. Die sogenannte Gaia-Hypothese spricht von der Erde als Lebewesen. Im spirituellen Bereich geht man davon aus, dass die Schwingung der Erde sich ständig erhöht. Hier hat man ja die Sicht, dass alles Bewusstsein und Leben hat, selbst Steine und so auch die Erde als Ganzes. Und dass diese Erde mit uns aufsteigt. Nicht umsonst endet der Maya-Kalender zum Beispiel im Jahr 2012. Die Maya hatten offenbar ein sehr feines Gespür für übergreifende Abläufe. Wir können glücklich sein als Menschheit, dass wir noch leben, und uns jetzt auf eine neue Phase grundsätzlich freuen.

Die Gaia-Hypothese

Die Gaia-Hypothese besagt, dass die Erde und die Biosphäre ein sich selbst organisierender Organismus und damit quasi ein Lebewesen seien (gr. *Gaía* oder *Gé* [Name der personifizierten Erde in der antiken Mythologie]). Begründer dieser Theorie sind der britische Chemiker und Biophysiker James Ephraim Lovelock (der, während ich dies schreibe, auf stolze 102 Lenze zurückblicken kann) und die amerikanische Biologin Lynn Margulis (1938–2011).[23] Sie meinten damit aber nicht eine Beseeltheit der Erde. Aus spiritueller Sicht be-

> steht natürlich einfach alles aus Licht oder Energie, alternativ könnte man auch sagen: aus Bewusstsein unterschiedlicher Schwingungsstufen. Materie wäre dann eine extrem verlangsamte Schwingung.
>
> Aus dieser Sicht ist letztlich alles eins und doch auch individuell – etwas, was man wohl nur in einem meditativen Zustand wirklich begreifen kann. Die Menschheit wäre dann auch wie ein Baum, an dem die Menschen einzelne Blätter sind. Der Baum gehört wieder zur Erde und so weiter und so fort. Wie immer – alles nicht beweisbar. Ich bin aber guten Mutes, dass sich Spiritualität und Wissenschaft noch auf eine Weise verknüpfen werden, dass uns Hören und Sehen vergehen. Ich hoffe, wir erleben das alle noch in unserem irdischen Leben.

Jetzt könnte man meinen, diese höhere Schwingung wäre doch einfach was ganz Cooles. Ist es auch, aber wenn eine höhere Schwingung auf eine niedrigere trifft, in der wir gerade sind, fühlt sich das erst mal durchaus unangenehm an. Die höhere Schwingung sorgt dafür, dass niedere Schwingungen und damit auch die entsprechenden Emotionen aus der Tiefe an die Oberfläche kommen und verarbeitet beziehungsweise geheilt werden *müssen*. Man kann ihnen einfach nicht mehr ausweichen. Es ist wie ein Fieber, das dazu führt, dass wir Krankheitserreger ausschwitzen. Ich persönlich glaube auch, dass toxische Beziehungen deshalb gerade so massiv sichtbar werden. Alles kommt auf den Tisch und darf angeschaut werden.

Wir machen das Ganze als Kollektiv und für das Kollektiv. Deshalb ist es auch kompletter Quatsch, wenn manche Kanäle meinen, jetzt würde die Menschheit geteilt und nur die »Guten« kämen in Richtung 5D. Das ist nichts anderes als die überkommene Sicht von Hölle und Himmel. Jeder, der will, darf diesen Prozess mitmachen; und wer nicht will, für den wird es auch Wege geben, damit es für ihn weitergeht. Wir haben schon immer gemacht, was wir wollten. Aber jetzt und hier auf unserer schönen Erde müssen wir uns mit der Überwindung der 3D-Themen befassen, die noch in unserem Feld sind.

Die ersten Meilensteine auf dem Weg nach 5D

An dieser Stelle ist es sicher einmal hilfreich, den Weg zu skizzieren, den wir alle gehen dürfen. Ich denke, der Weg ist absolut klar sichtbar, zumindest in groben Zügen, auch völlig unabhängig davon, ob wir dem Ganzen spirituelle Namen geben. Die Meilensteine, die ich hier definieren möchte, werden uns immer wieder begegnen. Ich hoffe, dir macht es genauso viel Spaß wie mir, gerade überall diese Mechanismen zu erkennen.

Die Vorphase

Es gibt natürlich einen Zustand vor Meilenstein 1. Das ist die Zeit, in der du denkst, du lebst ein einigermaßen normales Leben. Du wunderst dich zwar, warum Beziehungen so schwerfallen, warum deine Arbeit so mühsam ist und so weiter. Letzten Endes nimmst du die Dinge aber als halt gegeben hin. Diese Zeit, in der man noch in vielem unbewusst ist, hat auch gewisse Vorteile. Da man einfach nicht sieht, wie man zum Beispiel heftig ausgenutzt wird, leidet man auch irgendwie unbewusster. Menschen, die meinen Liebeschip-Weg gehen, sehnen sich manchmal zurück nach dieser Phase, weil man einfach noch nicht wusste, was man dann später weiß. Bewusstsein ist befreiend, aber im ersten Moment beziehungsweise vor allem beim Meilenstein 1 auch sehr belastend oder schmerzhaft.

Nehmen wir mal an, dein Partner geht dir schon seit Ewigkeiten fremd – und du weißt es einfach nicht. Du hast ein komisches Gefühl, aber das ist so leise, dass du es einfach übergehst. Du führst ein relativ »normales« Leben, doch natürlich läuft der Betrug, auch wenn du es noch nicht weißt. Dein Partner schleppt förmlich Energie raus aus eurer Beziehung. Insofern wirkt es bereits, das Gift des Fremdgehens, aber wie gesagt unterschwellig, denn: »Was ich nicht weiß, macht mich nicht heiß.«

Meilenstein 1: Erkennen, dass du Opfer geworden bist

Letztlich wollen wir natürlich alle raus aus dieser Täter-Opfer-Dynamik (zumindest wohl alle, die dieses Buch lesen), aber irgendwo muss man ja mal anfangen. Und das ist eigentlich immer an dem Punkt, an dem man feststellt: »Oh, ich war echt lange in einer Position, wo ich meine Macht abgegeben habe und nicht gut behandelt wurde.« Man kann beispielsweise durchaus jahrzehntelang in einer Ehe stecken, in der man wirklich nur draufzahlt, ohne dass man sich dessen *wirklich* bewusst wird. Man findet das Leben vielleicht anstrengend, aber man verdrängt die unguten Gefühle und sagt sich etwas wie: »Es ist halt so, und anderen geht's ja auch nicht besser. Die Welt ist nun mal anstrengend und ungerecht, und man kann einfach nichts machen.« Es muss sich natürlich keineswegs nur um eine Beziehung handeln. Diese Umstände können auch in anderen Situationen auftreten, zum Beispiel im Job.

Da ich ja im Wesentlichen mit Beziehungen arbeite, sehe ich Menschen natürlich in diesem Bereich über die Grenze springen. Typischerweise, wenn sie erkennen, in einer tatsächlich sehr unglücklichen oder toxischen Beziehung gewesen zu sein. Dieser Punkt ist extrem wichtig, weil allein schon die Erkenntnis, dass es auch für sie etwas Besseres gibt als eine schlechte Beziehung, ein massiver Bewusstseinsschritt ist. Es bedeutet ja schon, dass sie das Neue fühlen und wahrnehmen können. Das ist auch ein wunderbares neues Ziel, und ohne neue Ziele können wir keinen neuen Kurs halten.

An dieser Stelle der Opfer-Phase fällt einem alles wie Schuppen von den Augen (auch wenn der Prozess etwas dauert). Man ist wütend auf den anderen (oder auch auf sich selbst) und sucht immer mehr Belege für die eigene Sicht der Dinge. Auch hier ist es leider wieder so, dass wir scheinbar oft erst mal das Leid brauchen, um wichtige neue Schritte zu machen.

Heutzutage findet man im Internet ja wie gesagt auch an allen Ecken Menschen, die sich auch als Opfer sehen, und kann sich mit ihnen verbinden. Nochmals: Es ist ein wichtiger Schritt, aber wenn man hier stehen bleibt, ist leider noch nicht viel gewonnen. Man ist jetzt ganz klar im Opfer-Modus des Täter-Opfer-Zyklus, und leider ist dann der nächste Schritt in den Täter-Modus oft nicht weit.

Theoretisch könnte natürlich auch jemand im Täter-Modus, oder sagen wir im Topdog-Modus, Meilenstein 1 erreichen. Aber in diesem Topdog-Modus, den wir schon im Zusammenhang mit der Gestalt-Therapie (Fritz Perls) besprochen haben, leidet man üblicherweise nicht so, und ohne Leid begeben wir uns in der Regel einfach nicht wirklich auf die Suche.

In unserem Beispiel mit dem Fremdgehen wäre also Meilenstein 1, die »Untreue« des Partners zu entdecken. Selbst wenn man es quasi »zufällig« herausfindet, geht dem doch meist die innere Bereitschaft voraus, jetzt aber mal genauer hinzuschauen.

Nun sollten eigentlich die nächsten Meilensteine folgen, aber wir müssen – leider – erst mal einen großen Atemzug nehmen und auf die Welt schauen. Weil die Welt im Wesentlichen noch bei Meilenstein 1 stecken geblieben ist.

Wer Opfer geworden ist und dies erkannt hat, der darf sich also natürlich erst einmal beschweren und das auch kundtun. Er darf seinen Weg suchen und versuchen, diese Erlebnisse irgendwie zu verarbeiten. Das ist ja gerade Meilenstein 1. Dennoch ist der Opfer-Begriff im Bereich von Liebesbeziehungen ein ganz komplexer. Wenn ich auf der Straße ausgeraubt werde, scheinen die Täter-Opfer-Verhältnisse recht klar zu sein. Aber in der Liebe kann man je nach Bewusstseins-Level zu ganz anderen Ergebnissen kommen. In dem Beispiel mit dem Fremdgehen wäre das vielleicht: »Okay, mein Partner hat in anderen Teichen gefischt, aber ich hatte ja auch einen One-Night-Stand.« Oder: »Ich hatte zwar keine Affäre, doch ich habe tatsächlich schon seit Jahren nicht mehr mit ihm schlafen wollen.« Man hat also mehr oder weniger (un)bewusst ein Gefühl, selbst nicht ganz »unschuldig« an dem Ganzen zu sein (das wäre schon eine Tendenz zu Meilenstein 2).

Nehmen wir ein anderes Beispiel, wo es noch subtiler ist: Ich kann mich als Opfer eines »Bindungsängstlers« ansehen, der mir einfach nicht so viel geben wollte, wie ich mir das gewünscht hätte. Ich mag mich jetzt als Opfer fühlen, weil ich mich quasi aussichtslos verliebt habe, oder ich bin in der Lage zu sehen (das wäre ebenfalls Meilenstein 2), dass der vermeintliche Bindungsängstler sich vielleicht auch als Opfer meiner doch recht hohen Erwartungen fühlt. Es gibt in Beziehungen halt nicht die eine festgeschriebene Realität, wie es zu laufen hat.

In den letzten Jahren hat sich die Wahrnehmung toxischer oder narzisstischer Beziehungen glücklicherweise enorm verbessert. Ich frage mich, ob sich nicht auch hierin die Schwingungserhöhung der Erde zeigt. Viele Menschen sehen, dass sie sich in diese Beziehungen verstrickt haben – und spüren ihre enormen Verletzungen. Diese Traumata sind aber in der Regel schon weit früher zugefügt worden und werden in giftigen Beziehungen »nur« reaktiviert. Wie wir wissen, ist bei Verletzungen das Ego dann nicht mehr weit und will gern Rache üben.

Diese Menschen können sich heutzutage beispielsweise in den Social-Media-Kanälen sammeln und finden dort viel Widerhall. Das wäre alles halb so wild, wenn diese Leute nicht wie gesagt zu lange bei Meilenstein 1 verweilten und dann weitergingen auf ihrem Weg.

Wenn sie aber da bleiben, versuchen sie, einen Gegner zu finden, auf den sie wütend sein können, und bleiben selbst in der Fantasie, einfach ganz unschuldige, bedauernswerte Opfer zu sein. Diese Opfer-Kanäle boomen auf Social-Media-Plattformen, weil einem hier bestätigt wird, dass man einfach ein armes Opfer ist und all das Böse beim Partner liegt. Wenn tatsächlich all diese Menschen so »lieb« wären, könnte man ja meinen, dass Opfer-Gruppen zum Beispiel zum Thema »Narzissmus« ein sehr entspannter und sicherer Ort wären. Dem ist leider oft nicht so. Wir sagten es schon: Viele auch große Gruppen zu diesen oder verwandten Themen müssen geschlossen werden, weil sich die Teilnehmer untereinander verbal »an die Gurgel« gehen, oder überleben nur mit massiver Moderation.

Ich erinnere mich an dieser Stelle an ein Interview, das ich mit einer bekannten amerikanischen Influencerin machte, die für mich persönlich extrem wertvoll war. Sie hat auch eine entsprechende Community. Dieses Interview wurde natürlich auf Englisch geführt und betraf so übliche Themen in unseren Bereichen. Ich habe nie bei einer Kooperation derart gehässige Nachrichten und Kommentare bekommen. Man machte sich über alles Mögliche lustig, zum Beispiel meinen deutschen Akzent. Das bringt man schwer in Einklang mit der Auffassung, dass dort nur arme koabhängige Opfer wären.

Ich könnte endlos weitere Beispiele dafür nennen, aber ich möchte es hier nicht zu sehr ausufern lassen. Es ist einfach so, und ich wiederhole es aus guten Gründen: Verletzte Menschen verletzen. So lange zumindest, wie sie diese Dynamik nicht durchschaut haben. Menschen, die meinen, in narzisstischen Beziehungen gewesen zu sein, denken vielleicht, sie hätten einem kalt abwägenden Täter gegenübergesessen. In Einzelfällen mag das auch so sein, aber in der

Regel fühlen sich extrem narzisstische Menschen als die größten Opfer der Welt. Sie sehen sich überhaupt nicht als Täter. Ganz im Gegenteil, die Menschen, die am meisten mit Fingern auf andere zeigen, haben oft die gleichen Probleme, die sie bei anderen (zu Recht oder zu Unrecht) zu sehen meinen.

Wollen wir einen Menschen einschätzen, sollten wir auf seine Handlungen schauen. Egal, wie sehr er sich als Retter der Welt, ein Gutmensch oder wie Mutter Teresa aufspielt: Wenn die Verhaltensweisen aus der 3D-Welt stammen, dann ist nicht viel davon zu halten. Wenn ich meine Ansichten durchsetzen will mit 3D-Arsenal wie Bullying/Mobben, Verleumden, Lügen, Drohen, Sichaufspielen, dann ist auch 3D-Energie drin. Egal, was für schöne Aufkleber dran haften – wenn ich mich zum Beispiel für irgendein gesellschaftliches Projekt einsetzen will, nutze aber manipulierende und spaltende Methoden aus 3D, ist das Ganze meiner Ansicht nach nicht viel wert, und zwar deshalb, weil diese Energien auf das Projekt zurückfallen werden und es letztlich konterkarieren. Wenn ich andere einfach »canceln« will oder mit einer Social-Media-Blase andere in eine bestimmte Richtung mobben will, wird das erst mal nicht viel nutzen und die vermeintliche Gegenseite oft sogar stärken. Natürlich sollen wir unsere eigene Position klarmachen und für uns einstehen, aber dieser permanente Kampf, dieses Sich-über-andere-Stellen, ist voll 3D. Wir müssen uns immer die Frage stellen: Engagieren wir uns aus der Liebe für ein Projekt (was ja auch im Stillen passieren kann), oder will ich Bestätigung und Drama für mein Ego? Nicht leicht zu unterscheiden.

Wir können das auch wieder auf die Beziehungsebene runterbrechen. Wenn ich zum Beispiel meinem Partner Heimlichkeiten vorwerfe, aber dann aus Wut selber zu Illoyalitäten greife, bewege ich mich auf der gleichen energetischen Ebene. Dieses »Spiel« könnten wir weiterspielen – wir haben es auch schon sehr lange gemacht. Aber ist es nicht Zeit für etwas Neues?

Wenn wir die Welt verändern wollen, müssen wir 5D-Energien nutzen. Gegen wahre Liebe gibt es keine Opposition, und dann wird es auch weitergehen, egal, auf welcher Ebene.

Meilenstein 1, der scheinbar doch weitläufig erreicht wurde, führt dazu, dass man Selbstliebe als einen integralen Teil der Weiterentwicklung verstanden hat. Selbstliebe ist hier auch nur ein Beispiel für psychologische oder auch spirituelle Ansätze, die sich inzwischen etabliert haben. Selbstliebe oder aufbauende Memes und Affirmationen gehören zum Standard-Arsenal vieler Influencer oder Betreiber von Social-Media-Plattformen. Das ist erst mal eigentlich wieder ziemlich cool, und es ist auch erhebend, all diese Dinge zu lesen. Die Frage bleibt halt nur, ob es einfach nur Content ist oder ob diese Botschaften auch wirklich gelebt werden. Wenn ich für Selbstliebe plädiere, aber gleichzeitig meinen mit Photoshop oder Operationen optimierten Körper in die Kamera halte, passt da etwas einfach nicht zusammen. Es ist ja auch indirektes »Bodyshaming«: Man darf in diesen Kreisen vieles heutzutage, man darf queer, divers, vegan, genderfluid sein. Aber man darf nicht dick oder an gängigen Standards gemessen unattraktiv sein. Es ist schon fast bedauerlich, dass sich letztere Gruppen doch immer noch selten dazu äußern.

Auch hier zeigt sich, dass es in der »Opfer«-Haltung oft letztlich doch nur wieder um Aufmerksamkeit und Hipness geht. Wir können tausendmal »Selbstliebe« oder »Menschenliebe« draufschreiben, wenn die Intention doch letztlich das Ego betrifft, bestimmt diese Intention das ganze Produkt. In 3D kommt man da erst mal mit durch, in der neuen Zeit wird unsere Intention immer mehr nach außen scheinen und sichtbar machen, was wir wirklich tun. Dann wird sich vieles ändern, und einiges davon sehen wir auch heute schon.

Das Gute ist natürlich, dass immer mehr in den Blickpunkt rückt, ja, es gibt Menschen, die unter die Räder kommen, und wir sollten etwas daran ändern. Aber es ist nur Meilenstein 1, und wenn sich Gewinner von 3D als Opfer inszenieren, dann dürfen wir bestimmt noch tiefer schauen. Zu dieser Opfer-»Blase« gehört auch, dass man das nicht ungestraft kritisieren kann. Dann kommt gleicht die Cancel Culture auf den Plan, die jede Kritik an vermeintlichen Opfer-Gruppen ausschließen will.

Meilenstein 2:
Eigene Anteile am Opfer-Status erkennen

Der nächste ultrawichtige Meilenstein auf dem Liebeschip-Weg ist das Erkennen der eigenen Mitverantwortlichkeit. Ich kann mich noch so beschweren über »Narzissten«, die mich reingelegt haben. Falls ich dann als nächsten Date-Partner wieder den gleichen Typ »Bad Boy« auswähle, dann darf ich mich auch nicht wundern, wenn ich immer wieder das Gleiche erlebe. Wenn ich von meinem Partner geschlagen wurde, ihm aber immer wieder verzeihe (was grundsätzlich ja eine gute Einstellung ist, wenn man sich zusätzlich entsprechend schützt und sich fernhält) und nur wegen ein paar warmen Worte wieder zurückkehre, dann halte ich mich auch selbst in diesem Kreislauf fest. Es gibt diesen treffenden Spruch: Wenn dich der Clown so nervt, warum gehst du immer wieder in den Zirkus?

Das alles ist natürlich wesentlich schwieriger und komplexer, als sich das hier so liest, deswegen erreichen viele diesen zweiten Meilensteine auch schon nicht mehr. Wenn ich bei der ersten Stufe stehen bleibe, kann ich schön mein eigenes Ego aufblasen und mich für so einen unglaublichen Gutmenschen halten, der mit dem eigenen »Bösen« in seinem Beziehungsleben nie etwas zu tun hatte. Ich kann mich in einer endlosen Schleife über andere Menschen oder meine bösen (Ex)partner beschweren, die alle so toxisch und gemein sind. Und ich muss nie auf mich selbst schauen und meine eigenen dunklen Seiten sehen. Mit dunkler Seite ist in diesem Fall oft die eigene Koabhängigkeit gemeint. Oder das eigene Ego, was gern diese »unterhaltsame« Abwechslung und schön viel Drama in toxischen Beziehungen erleben möchte.

Menschen werden manchmal unglaublich wütend, wenn man sie auf eigene Anteile hinweist. Man darf ihnen alles nehmen, aber bloß nicht den eigenen Opfer-Status. Beratungen für Menschen in der Phase vor diesem Meilenstein sind manchmal sehr frustrierend. Sie wollen den Partner unbedingt dazu bringen, dass er bestimmte Dinge tut oder lässt, aber möchten nicht so gern bei sich selbst anfangen. Obwohl das die einzige Spielfläche ist, die man bearbeiten kann.

Wenn Meilenstein 2 erreicht ist, wird man etwas demütiger und sieht aber auch, wie viele Ansatzpunkte man eigentlich hat. Man lacht das erste Mal über sich und kann das schon alles nicht mehr so ernst nehmen. Das Drama beginnt sich zu lockern. Das Ego fängt an, sich abzubauen, weil man eben nicht mehr die »allerbetrogenste« Person des Planeten ist. Der Impuls, die Menschheit über die bösen anderen zu belehren, wird deutlich relativiert. Man kann diesen Meilenstein aber nur gehen, wenn man anfängt, sein Ego in die hintere Reihe zu verfrachten.

Meilenstein 3: Eigene Täter-Anteile erkennen

Am unbewusstesten sind meistens die eigenen Täter-Anteile. »Täter-Anteil« muss wie gesagt nicht heißen, dass man selbst die gleichen Sachen macht wie die egoistischen Menschen, die man in sein Leben gelassen hat. Aber es heißt schon zu sehen, dass man eben auch nicht immer so hyperempathisch oder sensibel ist, wie man vielleicht immer dachte. Typischerweise merkt man dies in der Beziehung, wenn man Menschen datet, die eigentlich ganz okay sind. Ist dein Partner aufmerksam, will er gern Zeit mit dir verbringen und verhält er sich in ethisch-moralischer Hinsicht korrekt, dann kannst du halt nicht mehr die Schuld allein auf ihn schieben, wenn du dich trotzdem unwohl fühlst in der Beziehung oder selbst nachlässig wirst in deinem Bindungsverhalten. Das ist so eine wichtige Erkenntnis! Spätestens jetzt kannst du dich nicht mehr so selbstbeweihräuchernd über andere stellen.

Angenommen, du hast immer sehr bindungsvermeidende oder narzisstisch-egoistische Menschen gedatet. Du bist ihnen quasi stets hinterhergelaufen, und weil sie dich immer zurückstießen und ein Heiß-kalt-Spiel mit dir spielten, wurdest du liebessüchtig nach ihnen. Du hast aber gedacht, es sei einfach die große Liebe, wenn dieser Mensch nur netter wäre. Dann, nach vielen weiteren Versuchen, triffst du einen feinen Kerl oder ein feines Mädchen, was komplett loyal zu dir ist und dich heiraten will. Nun wird dir nach der ersten

Verliebtheit plötzlich etwas mulmig. Du fängst an auszuweichen, weil du dein eigenes Bindungsmuster nicht erkennst (ebenfalls Bindungsangst, aber bisher im passiven Modus). Dir wird es etwas langweilig. Du fängst an, mit jemand anderem zu schreiben, und denkst: »Ist ja nicht so schlimm.« Eh du dichs versiehst, bist du vielleicht auf dem gleichen Weg, den deine früheren Partner beschritten.

Du checkst jetzt wohl, dass du auch nur Mitspieler bist in einem verrückten Play hier auf Erden. Du bist erst jetzt zu echtem Mitgefühl fähig, nicht nur dieser Ego-Variante von Mitgefühl. Du verstehst so langsam, dass jeder einfach an dem Punkt ist, an dem er nun mal ist, und aus dieser Sicht sein Verhalten steuert.

Die Gefahr an dieser Stelle ist manchmal, dass man dann wieder doch zu viel Mitgefühl entwickelt und vergisst, was einem vielleicht früher angetan wurde. Verstehen heißt nicht vergessen! Nur weil man immer mehr das große Ganze sieht, muss man nicht wieder mitspielen bei dem toxischen Verhalten anderer.

In dieser Phase kommt auch das Thema »Neutralität« auf. Wenn Gut und Böse so relative Begriff sind, dann gibt es vielleicht nicht nur die Option, als Gutmensch auf der Welt rumzulaufen. Man kann sich mehr eingestehen, dass man auch mal ganz bewusst vor allem an sich denkt oder mal ganz bewusst egoistisch ist. Man spielt mehr mit diesen ganzen Begriffen, und damit verschwinden auch viel Wut und Frust. Wenn man mit der Neutralität spielt, setzt man auch ganz andere, oft neue Anziehungspunkte und erlebt ganz andere Dinge mit Menschen. Höchst spannend.

Anziehungspunkte

Über Anziehungspunkte rede ich oft auf YouTube: Wenn ich sehr koabhängig durch die Welt laufe, ziehe ich egoistische Menschen an. Das ist die Theorie des »Human Magnet Syndrome« des amerikanischen Psychologen, Therapeuten und Influencers Ross Rosenberg.[24] Er geht davon aus, dass Narzissmus und Koabhängigkeit sich auspendeln in Beziehungen, und nennt dies im Untertitel seines Buches übersetzt »Die Koabhängigen-Narzissten-Falle«. Um meine Anziehungspunkte zu verändern, muss ich meine Koabhängigkeit oder Pluspoligkeit abbauen. Es reicht nicht, mir beim Dating eine Checkliste danebenzulegen, die Anziehung wird solche Verstandesdinge immer überstimmen.

Viele Pluspole sehen sich als die heiligsten Menschen der Welt. Wenn das aber auch nur eine psychologische Abwehrstrategie des inneren Kindes ist, dann ist es keine Haltung in der Neutralität, und das Universum matcht uns mit dem Gegenteil.

Dennoch besteht weiterhin die Gefahr, in die »Falle des Lichtkriegers« zu tapsen, die wir schon andeutungsweise besprochen haben. Diese Falle ist eine Variante des spirituellen

Egos, und zwar eine richtig große. Die »Lichtkrieger« gibt es schon eine ganze Weile auf unserem Planeten. Es sind meist diese Menschen, die sich sogar so nennen und sich in einem ehrenwerten Kampf gegen das Dunkel sehen. Viele haben auch wirklich schon viel an sich gearbeitet, haben »Schattenarbeit« geleistet und erkannt, dass sie Täter- und Opfer-Anteile haben, und somit schon sehr viel verstanden. Aber ihr Ego konnten sie bisher leider nicht überwinden. Sie wollen gewissermaßen an vorderster Front für das Licht kämpfen. Da sie wirklich schon ein gutes Stück ihres Weges gegangen sind, haben sie eine solide Spiritualität erreicht, in welcher Weise auch immer. Das ist etwas Wunderbares, nun lauert aber wie gesagt leider noch ein echter innerer Ego-Endgegner: Diese ganzen Erkenntnisse möchte das Ego gern wieder nutzen, um sich in altbekannter Weise über andere zu erheben und sich besser zu fühlen. Sie sehen sich als eine Art Elite.

Aber nicht nur das, sie unterliegen einem Riesenirrtum. Nämlich dem, dass es hier überhaupt etwas zu kämpfen gäbe. Abgrenzung und Selbstliebe sind wirklich wichtig, aber muss man deswegen wirklich gegen andere *kämpfen*? Vor allem, wo es schon so viele schreckliche Kämpfe im Namen des Glaubens gegeben hat, wie wir alle wissen. Und der Lichtkrieger, ja, auch er hat einen Glauben, halt seinen speziellen. Doch wenn es wirklich so eine geheime dunkle Weltregierung gäbe, dann würde sie bestimmt nicht versuchen, irgendeinen Kampf zu gewinnen; sicher würde sie vielmehr dafür sorgen, dass der Kampf nie aufhört. Weil dieser Kampf das geheime Herz der 3D-Welt ist.

Wir können nur »gewinnen«, wenn wir den Kampf aufgeben und unsere Brüder und Schwestern, auf welcher »Seite« auch immer, als Teil eines Kollektivs sehen, quasi als Teil von uns selbst. Wir sind mit allem verbunden, und alles, was uns im Außen begegnet, steckt auch irgendwo in uns selbst.

Es ist leicht, überheblich ins Ego zu fallen, wenn man sich so als Lichtkrieger-Elite sieht. Das ist der Moment, in dem Menschen wirklich auch gefährlich werden können, nämlich wenn sie gut ausgebildet sind und sich selbst für unfehlbar halten. Das ist genau das Mindset, in dem man einen gigantischen Schatten lebt.

Dieses Thema nimmt die »Star-Wars«-Reihe spektakulär auf. Dabei beschreibt sie exakt dieses Thema, indem ausgebildete Jedis sehr von ihren Kräften eingenommen werden und ihre Demut vor dem größten Ganzen verlieren. Im sechsten Film der ersten »Star-Wars«-Reihe (nach neuer Zählung) kämpft Luke von der »Lichtseite« her gegen seinen Vater Darth Vader auf der dunklen Seite. Der »dunkle Lord« heizt diesen Kampf immer mehr an, weil er weiß, dass Wut und Angst (3D-Emotionen) einen der dunklen Seite zutreiben. Luke beendet das Ganze, als er in der gewaltigen Schlussszene das Lichtschwert einfach deaktiviert und sagt, dass er nicht kämpfen will gegen seinen Vater. Das ist der Moment, in dem auch der Vater weich wird und ebenfalls den Kampf beendet und sich beide wieder versöhnen.[25]

Um wirklich Licht*bringer* zu sein – was im Lateinischen *lucifer* heißt –, müssen wir uns über die Verachtung und die Abwertung anderer erheben. Das Dunkle kann nicht »vernichtet« werden. Selbst wenn es vernichtet wäre, würde etwas anderes den Platz einnehmen. Letztlich sind wir alle Energie aus derselben Quelle, die hier auf der Erde zuweilen ein heftiges Spiel treibt.

Meilenstein 4: Die Wüste

Der Weg zum Gipfel ist manchmal echt steinig, und das merkt man vor allem in dieser Phase. Du hast das Täter-Opfer-Spiel verstanden und möchtest eigentlich nicht mehr mitmachen. Aber mit wem spielst du jetzt? Dein Ego ist in dieser Phase noch aktiv, doch es läuft quasi leer. Du spielst nicht mehr mit in der Täter-Opfer-Welt, damit fehlt jedoch eben auch der toxische Thrill komplett. Wenn du in deiner Blase der Erste bist, der in diese Phase stolpert, kann sich das ziemlich einsam anfühlen. Es sind jetzt deine Tage, Wochen, Monate oder wie lange auch immer »in der Wüste«, in der du dich entziehst von den fraglichen Freuden des Egos und erst mal durch diesen Nullpunkt durchmusst.

All dies kann zunächst auch ein wenig überraschend sein und etwas frustrierend. Dafür etwa hast du jetzt so hart gearbeitet? Du könntest versucht sein, wieder zurückzugehen. Aber es gibt kein Zurück in der Bewusstseinsarbeit, du bekommst das Huhn einfach nicht wieder ins Ei. In dieser Phase geht es ums Loslassen und Ins-Vertrauen-Kommen, und das fällt sehr schwer. Die Phasen vorher konnte man auch mit dem Willen und auch mit dem Verstand angehen, jetzt geht es nur noch ums kompromisslose Sein. Du darfst – musst aber auch – alles ans Universum abgeben. Von hier an nützt dir dein Wille nicht mehr viel, er kann sogar recht hinderlich sein.

Wie passen eigentlich die Meilensteine zu den Dimensionen? Ich sehe Meilenstein 1 am Ende, aber noch in der dritten Dimension. Die Meilensteine 2 bis 4 sind der Übergang, also, wenn du so willst, die vierte Dimension. Jetzt und hier, am Ende deiner persönlichen Wüste, stehst du an der Grenze zu 5D-Energien.

Meilenstein 5: Universelle Liebe verstehen

Ab hier wird es richtig naisgeil, aber auf eine ganz andere Art. Absolute Leere und absolute Erfülltheit sind viel näher zusammen, als man denkt. Du durchbrichst hier den Schleier und findest den Liebesfluss in dir.

Naisgeil

»Naisgeil« ist ein Begriff, der sich in meinem YouTube-Kanal gebildet hat.[26] Er setzt sich zusammen aus dem Jugendwort »nais« (Verschriftlichung der deutschen

Aussprache für das englische Wort *nice* [schön]) und dem Wort »geil« in seiner neuzeitlichen Verwendung (also ebenfalls in der Regel Jugendsprache). Es meint ein bestimmtes Mindset: Es geht darum, konsequent seine Träume im Leben zu verfolgen und sich damit ein schönes, abenteuerliches Dasein zu erschaffen. Und auf diesem Weg vielleicht einen Partner zu finden oder auch nicht (und dann als Single glücklich zu sein). Und nicht andersrum, dass ein Partner mein unglückliches Leben gefälligst toll machen soll. Fülle kommt gerne zu Fülle, und Mangel zu Mangel, das ist das Problem. Wenn ich in einem Mangel-Mindset bin, ist es schwierig, im Außen Fülle anzuziehen.

Wenn du den Liebesstrom einmal gefühlt hast, verstehst du, dass dein Zuhause die Liebe ist und immer für dich bereitsteht. Du sprudelst hier einfach nur über, und nichts Negatives kann dich mehr richtig erreichen. Zwischen Meilenstein 4 und 5 gibt es eine viel klarere Grenze als zwischen den anderen Phasen. Typischerweise erreichst du momentweise diesen Zustand und verlässt ihn dann aber auch wieder schnell. Lass dir nicht einreden, dass schon so viele Leute in 5D sind. Vor allem nicht, wenn sie das aus ihrem Ego vorbringen. Ich glaube nicht, dass wirkliche 5D-Menschen diese Erfahrungen an die große Glocke hängen.

In diesem weltweiten Zustand, in dem das Kollektiv weiterhin an den Endpunkten von 3D kratzt, ist es (noch) echt schwer, in 5D-Energien zu kommen. Das sollte alles leichter werden, wenn sich die Energie im Kollektiv weiter steigert. Da wir ja alle miteinander verbunden sind, zieht auch uns die gegenwärtige Gesamtenergie noch sehr leicht herunter. Freu dich über jeden kleinen 5D-Moment wie Bolle, sie sind wie Brosamen auf deinem Weg. Hab keine Angst, dass du diese Momente nicht erkennst. Sie sind so krass, dass das dann einfach klar ist.

Meilenstein 6: Dualität und Liebe neu verbinden

Bei diesem Meilenstein schauen wir wirklich weit in die Zukunft. Ich sehe ihn so, dass man quasi wieder am Anfang steht, jetzt aber auf einer ganz neuen Ebene.

Man versteht, dass eigentlich immer alles gepasst hat für diesen Moment, egal, wo man mal gestanden hat und welcher Reibung man ausgesetzt war. Man versteht, wie spannend es hier ist, wo man sich eben von dieser universellen Liebe auch entfernen kann und welches unfassbare Geschenk wir hier erfahren. Man wird sich einfach nur noch zutiefst freuen über diesen Abenteuerspielplatz und seine Gestalterkraft einsetzen wollen, um maximalen Spaß für sich und andere zu kreieren. Man versteht hier, dass dieser Ort nicht ein deprimierender Abklatsch des »Himmels« ist, sondern geradezu die Speerspitze der galaktischen Weiterentwicklung.

Auch das Ego darf hier integriert werden, es muss nicht abgeschafft werden, sondern bekommt einen kleinen Platz für »Notfälle«, wo man sich einfach mal etwas wehren muss. Man versteht, dass die Dualität Voraussetzung ist für die Weiterentwicklung und dass es eine Ehre ist, wenn man so will, daran teilnehmen zu dürfen. Man ist hier einfach tiefenentspannt, und wenn man es mal nicht ist, ist man tiefenentspannt darüber, dass man mal angespannt ist. Man ist komplett in der vertikalen Ebene der Transzendenz verankert und gestaltet und genießt die horizontale Ebene in der Dualität.

Meilensteine in Sprache, Musik und Religion

Ich bin natürlich vor allem Psychologe, trotzdem oder gerade deswegen finde ich es sehr aufschlussreich, sich die Meilensteine auch mal in ganz anderen Bereichen anzuschauen. Man versteht die Thematik dann noch tiefer und sieht diese Muster aus verschiedenen Perspektiven eigentlich überall, zum Beispiel in der vielfach umstrittenen sogenannten Identitätspolitik, bei der vor allem die Rechte von Minderheiten mehr ins Zentrum der Aufmerksamkeit rücken.

Gendergerechte Sprache

In diesem Zusammenhang tobt derzeit ja zum Beispiel eine erbitterte Auseinandersetzung über die gendergerechte Sprache (engl. *gender* [soziales Geschlecht]), in der beispielsweise das sogenannte »generische Maskulinum« (die geschlechtsneutrale Verwendung grammatisch männlicher Wörter; lat. *genus* [Geschlecht, Gattung, Art]) abgelöst wird durch grammatische Formen, die nicht nur Frauen gleichwürdig berücksichtigen, sondern auch Minderheiten, die sich kulturell oder biologisch nicht dem vorherrschenden (hegemonialen) Zwei-Geschlechter-System zuordnen lassen, also zum Beispiel Intersexuelle. Man sagt beziehungsweise schreibt dann nicht mehr: »Ich gehe zum Friseur«, sondern: »Ich gehe zur Friseur*in« (wobei man beim Sprechen an der Stelle des Sternchens eine Art Knacklaut, »Genderpause« oder fachsprachlich »Glottisschlag« produziert). Statt des Sternchens gibt es auch andere Zeichen wie den Doppelpunkt oder den Unterstrich, die bisher allerdings alle nicht ins Regelwerk der deutschen Sprache aufgenommen wurden.

Ich persönlich tue mich damit schwer, doch als nicht mehr ganz junger heterosexueller Mann bin ich bei dem Thema ja eh etwas draußen. Und damit sind wir scheinbar paradoxerweise auch schon mitten in der Thematik drin.

Meilenstein 1 wäre hier: Wir erkennen korrekterweise, dass bestimmte Machtstrukturen einen Widerhall in unserer

Sprache gefunden und sich dort verfestigt haben. Da gibt es ja viele Bemühungen, diskriminierende Wörter zum Beispiel für bestimmte Menschengruppen zu ersetzen (man denke beispielsweise an das »N-Wort« oder eine bestimmte Form von Schnitzeln, die jetzt »nach Puszta-Art« gebraten und genossen werden sollen).

Aber bleiben wir mal beim Gendern. Wie gesagt ist unsere Sprache eher auf das männliche (maskuline) Geschlecht ausgerichtet. Grammatikalisch ist zwar alles im Lot mit dem generischen Maskulinum, das ja auch Frauen mit einschließen soll. Aber dennoch gibt es da politisch-kulturell eine Schieflage. Dies zu erkennen ist Meilenstein 1.

Das ist geschehen, und nun finden wir uns auch schon in den erbitterten Kämpfen zwischen Phase 1 und Phase 2 wieder. Es werden sprachliche Änderungen vorgeschlagen, die man mehr oder weniger sinnvoll finden kann. Das Problem ist jetzt wie eigentlich fast überall gerade, dass diese Änderungen teilweise mit realem oder zumindest moralischem Druck durchgepeitscht werden sollen. Egal, ob sich dieses Gendersternchen sinnvoll aussprechen lässt oder nicht. Und rein von der Optik könnte man meinen, dass nun die weibliche Schreibweise die Norm ist.

Die Verbissenheit, die dabei oft spürbar wird, ist aber aus meiner Sicht wieder die gleiche 3D-Energie, die ja eigentlich gerade bekämpft werden sollte, nur eben mit anderen Vorzeichen. Man könnte fast sogar sagen, es ist die alte männliche Energie wieder drin. Männliche und weibliche

Energien sind richtigerweise nicht an das biologische Geschlecht gebunden. Unsere Welt braucht definitiv mehr weibliche Energie. Ob jede politisch aktive Frau aber tatsächlich in der weiblichen Energie ist, steht auf einem ganz anderen Blatt.

Ich spüre das auch in meiner Arbeit auf den Social-Media-Plattformen, dass man sich fast schon etwas fürchtet, Aspekte rund um die Frauen-Männer-divers-Thematik anzusprechen. Man riskiert viel böse Kommentare damit. Auch sonst merkt man die Veränderung. Als Mann kann man sich (korrekterweise) nicht mehr trauen, bestimmte Sprüche oder Witze zu machen. Die gleichen Sprüche und Witze von einer Frau sind aber völlig in Ordnung – seltsam!

Oder: Beim Dating beschweren sich viele Frauen, wie einfallslos die Männer sie als Erstes anschreiben. Viele Frauen machen sich darüber auch ordentlich lustig. Auf Plattformen, bei denen die Frauen anschreiben müssen, stellen die Männer irritiert fest, dass diese Frauen offenbar genauso einfallslos sind.

In der Phase zwischen Meilenstein 1 und 2 regiert einfach die Kränkbarkeit, und das ist fast überall zu spüren, eben auch in der Sprache. Man hat zum Glück die Wunden ins Bewusstsein gerückt, welche die Sprache geschlagen hat, und das ist wirklich gut so. Aber es besteht die Gefahr, das Kind mit dem Bade auszuschütten und aus dieser Kränkbarkeit jetzt selbst einseitige Vorschriften und Regeln zu machen. Die sollen auch gar nicht diskutiert werden, weil ja nur die »Opfer« diskutieren dürfen. Wie absurd das teilweise ist, sieht man, wenn sich verschiedene Opfergruppen ins Gehege kommen und dann erst mal ausdiskutiert werden muss, wer denn das größere oder wirkliche Opfer ist. Identitätspolitik scheint die Gesellschaft also eher zu spalten statt zu einen.

Ich weiß natürlich nicht, wie sich das weiterentwickelt, niemand weiß das. Aber wenn dieses Sprachthema zum Meilenstein 3 kommt, wird man sehen, dass es keinen Sinn hat, jetzt einfach eine zumindest in vielen Aspekten weibliche Form stur durchzusetzen. Man wird wohl eine Lösung finden, welche die tatsächlichen Probleme der Sprache adressiert, ohne gleich wieder andere Menschen zu Sprachopfern zu machen. Wenn die späteren Meilensteine erreicht sein werden, wird man empathisch sehen, welche Macht Sprache hat, und diese Macht demütig einsetzen. Man wird aber auch lachen über dieses verrückte Spiel in der Dualität und auf alle Spielformen der Sprache in Liebe blicken. Man wird die Sprache benutzen, die man selbst mag, aber nicht erwarten, dass der andere das genauso macht. Man wird fühlen, dass jeder ein Teil des Kollektivs ist und wir in einer Einheit der Vielfalt sind. Man wird spüren, dass ich nur mich selbst verletze, wenn ich einen anderen verletze. Wie genau sich das in der Sprache niederschlägt, wird sich zeigen.

Musik

Ich hatte solche Lust, über Musik zu schreiben, um auch mal ein positives Beispiel zeigen zu können. Also – noch positiver … Musik ist eine Struktur, die viel, viel hochschwingender ist als manches andere auf diesem Planeten. Sicherlich hatte jeder schon extreme emotionale Momente, spirituelle Momente, 5D-Momente im Zusammenhang mit Musik. Ob das nun bei einer Wagner-Oper war oder in einem Berliner Techno-Club, ist ja dann völlig egal. Die Macht von Tönen, und sei es nur bei einer Klangschalen-Meditation, ist noch gar nicht voll verstanden. Na ja: »Die Tanzenden wurden für verrückt gehalten von denjenigen, die die Musik nicht hören konnten«, hat angeblich schon der Philosoph und klassische Philologe Friedrich Nietzsche (1844–1900) gesagt.

Wie alles im Universum wächst auch die Musik von ersten Weisen mit nur sehr wenigen Tönen zu den gigantischen Werken, die es seit geraumer Zeit gibt. Es existieren ganz verschiedene Genres, die aber nebeneinander bestehen dürfen. Auch hier kann man Meilensteine erkennen, die sich mal ganz anders zeigen. Es gibt zunächst viele Werke zum Beispiel im Barock, bei denen *ein* Thema eine große Rolle spielt und meisterhaft zum Beispiel von Bach durch verschiedene Stimmungen und Lagen durchexerziert wird. Dann haben wir quasi den nächsten Meilenstein, bei dem in der musikalischen Klassik in der Form der Sonate *zwei* Themen gegenübergestellt werden. Also quasi eine »Meinung« und eine »Gegenmeinung«. Diese werden in der sogenannten Durchführung der Sonate miteinander verarbeitet, um dann das Ergebnis in dem »Reprise« genannten Abschluss des ersten Satzes einer Sonate vorzustellen.

Im nächsten Meilenstein, der Romantik beziehungsweise dem Impressionismus, werden die Strukturen der Musik immer weiter aufgelöst, um dadurch bisher nicht gekannte emotionale Färbungen von Musik zu erreichen. Die Grenzen der Tonalität werden getestet, die Harmonik wird immer mehr erweitert. Es gibt dieses Gegeneinander einfach nicht mehr.

Schließlich wird ein weiterer Meilenstein damit erreicht, dass auch die Tonalität aufgegeben wird und dann Musik in ihren Extremen erforscht wird, zum Beispiel in der Zwölftonmusik von Arnold Schönberg (1874–1951) oder im Free Jazz. Jegliche Dualität hat die Musik zumindest im Bereich der »ernsten« Musik überwunden. Das heißt jetzt natürlich nicht, dass es keine Verknüpfungen zwischen Musik und Ego gäbe.

Wie passt dies nun zu den Meilensteinen, die wir oben kennengelernt haben? Ich glaube, man kann das nicht eindeutig zuordnen, aber es geht so: In der Musik gibt es den Weg von quasi »einer Meinung« zu der »Gegenmeinung«, dann weiter zu einem »Sowohl-als-auch«. Bis hierhin wäre das quasi noch 3D. Als Nächstes kommt dann das kunstvolle Verarbeiten des Bisherigen bis in eine etwas chaotische Phase (die wir vielleicht in der Musik im letzten Jahrhundert hatten), wo man alles mal ausprobiert. 5D wäre dann, über all diese Dinge hinauszuwachsen und sich völlig frei im Ausdruck zu fühlen, ohne dass man irgendjemandem irgendetwas beweisen müsste.

Religion

Religion liegt ja eigentlich an der Wurzel des Themas »Liebe und Transzendenz« (das Wort »Religion« wird oft vom lateinischen Verb *religare* [zurückverbinden] hergeleitet und verknüpft mit der Vorstellung von einem persönlichen Band zwischen Mensch und Gott). Dass das mit der Liebe und Transzendenz aber nicht so richtig geklappt hat, dürfte längst jedem aufgefallen sein. Es ist wunderbar, wenn wir einen Platz haben für Transzendenz, aber es ist sehr schade, wenn sich dort so viel Dualität und auch Dunkelheit austoben. Das wäre hier Meilenstein 1: zu erkennen, dass nicht alles an der Religion, in die man ja nun mal hineingeboren wurde, einem guttut. Allein schon die Annahme, man wäre in »die richtige Religion« geboren worden, ist eigentlich echt nur albern.

Bleiben wir mal bei der katholischen Kirche, mit der ich mich am besten auskenne. Es kann ja wohl nicht liebevoll sein, dass dort immer wieder mit der ewigen Verdammnis gedroht wird. Welcher liebende Gott sollte das denn tun?

Und wie kann eine Kirche alle Menschen einschließen, aber trotzdem dürfen nur Männer Priester werden? Oder dass Homosexualität »Sünde« sein soll?! Man erkennt also, dass da nicht alles passt. Natürlich will einem die Struktur immer wieder reinhauen, dass man gefälligst das glauben soll. Es steht ja in der Bibel. Gut, erst mal stehen echt schlimme Sachen in der Bibel. Und dann sieht man hier halt besonders klar patriarchalische Machtstrukturen.

Bei den weiteren Meilensteinen wird man erkennen, dass es eben eine Vielfalt an Meinungen zur Religion gibt und dass dies auch in Ordnung so ist. Man erkennt irgendwann, dass es ohnehin nur um die universelle Liebe geht und noch um die Freiheit, die wir errungen haben. Genauso wie in Beziehungen eigentlich auch … Freiheit und Liebe.

Wir alle wollen geliebt werden und diese Welt erkunden in all ihren Schattierungen. Und das sollte Religion auch abbilden, sonst taugt sie echt nicht so viel, wie man sich vielleicht wünschen würde.

Welche Mittel und Rituale die Religion dafür vorschlagen wird, das kann ja durchaus vielfältig sein. Da wird hoffentlich Spiritualität einen großen Beitrag leisten, indem sie durchaus viele Religionen thematisch verbinden kann. Sie darf nur selbst nicht ins Ego fallen.

In der Anthroposophie gibt es eine sehr spannende Verbindung von Christentum und Buddhismus. Ich bin da ganz bei Rudolf Steiner, der schon vor hundert Jahren sagte, dass eben nicht mehr jeder Mensch Kirchen brauche. Und dass die großen Konfessionen aussterben würden. Ich kann nicht sehen, wie die Kirche aus der Sackgasse wieder herauskommen soll, in die sie sich selbst hineinmanövriert hat.

Anthroposophie

Die Anthroposophie (gr. *ánthrōpos* [Mensch] und *sophía* [Weisheit]) ist eine von Rudolf Steiner (1861–1925) begründete global vertretene spirituelle und esoterische Weltanschauung, die versucht, Elemente des deutschen Idealismus, der Ansichten Goethes, der Gnosis ([Gottes]erkenntnis) christlicher Mystik, fernöstlicher Lehren sowie der naturwissenschaftlichen Erkenntnisse damaliger Zeit miteinander zu verbinden.

Aber auch in anderen Ausdrucksformen der Religion werden wir die Dualität überwinden und »Bullshit« nennen, was Bullshit ist: Wenn etwa ein »erleuchteter« Guru haarsträubende Dinge tut, sind sie nicht damit gerechtfertigt, dass wir beurteilenden Menschen noch nicht erleuchtet sind. Wir brauchen nicht mehr kritiklos zu Autoritätspersonen aufzuschauen, egal, welcher Couleur – und wenn sie sich auch noch so spirituell gerieren. (Wir müssen ja auch nicht Koch sein, um zu merken, dass die Suppe versalzen ist.)

Ausbruchsversuche aus der Ego-Liebe der dritten Dimension

Wir befinden uns aus meiner Sicht wie gesagt definitiv in dieser Übergangsphase zwischen 3D und 5D, das heißt: Viele Menschen bemerken diesen Schub und die Unerfülltheit von 3D-Beziehungen. Und sie wollen etwas Neues ausprobieren. Das ist grundsätzlich eine Superidee, aber nur, wenn die neuen Projekte wirklich etwas Neues bringen und nicht lediglich das Ego und den Schmerzkörper wieder auflegen. Gerade an diesen Endpunkten von 3D ist die Gefahr relativ groß. Einige von solchen Versuchen wollen wir uns mal kurz anschauen.

Affären und geheime Dreiecke

Gegen Affären, also nichtcommittete sexuelle Beziehungen, ist natürlich nicht von vornherein etwas einzuwenden. Auch sie gehören zu den Ausbruchsversuchen aus 3D, insbesondere aus der Langeweile überregulierter Beziehungen sowie aus der Angst vor intimen Bindungen. Man kann ein ganzes Leben mit Affären füllen, und das allein wäre um nichts besser oder schlechter oder unauthentischer als eine lebenslange monogame Beziehung. Die Frage ist halt nur, wie ehrlich man diese Affären führt. Natürlich kann ich jahrzehntelang auf Online-Börsen sein und eine Person nach der anderen daten und komplett authentisch sein damit.

Etwas ganz anderes ist es allerdings, wenn ich eine heimliche Affäre aus einer bestehenden Beziehung führe. Dann ist es eines dieser obskuren, unauthentischen Dreiecke, die zwar »spannend« sein mögen, aber zu unendlich viel Leid führen (können).

Also, wer meint, mit einer geheimen Affäre irgendetwas Modernes zu tun, der ist komplett auf dem Holzweg. Diese Affären sind so sehr 3D-mäßig, wie es nur geht, voller Manipulation, Lüge und toxischer Sexualität. Kann man machen, aber das gab es wohl schon immer und ist nicht einen Millimeter weiter nach vorn.

Natürlich ist das alles menschlich, aber im Zweifelsfall auf Kosten anderer. Und das ist leider einfach nur *ego*istisch.

Dauersingles

Manch einer sagt sich vielleicht: »Ich will mit diesem ganzen Beziehungskram einfach nichts mehr zu tun haben.« Es gab vielleicht zu viele Verletzungen, man ist zu enttäuscht, man hat einfach zu viel Stress oder gar Leid erlebt. Wenn sich mal eine Nacht irgendwo ergibt, prima, aber das war's dann auch.

Man könnte das »bindungsängstlich« und »frustriert« nennen, aber realistischerweise sind die meisten Beziehungen in der Tat nicht auf Dauer glücklich. Beziehungen, die recht viel auf dem Ego beruhen, sind ziemlich anstrengend

Von all den Ausbruchsversuchen, die wir hier besprechen, ist diese Haltung vielleicht tatsächlich die fortschrittlichste. Es hat schon etwas Ehrenwertes, aus dem verrückten Dating-Leben einfach auszusteigen.

Aber natürlich entrichtet man auch einen hohen Preis dafür. Wenn man den bereit ist zu zahlen, warum nicht so leben? Wenn dieses Dauersingle-Leben aber doch nachhaltig ein Gefühl des Mangels erzeugt, dann hat die Wahl nicht das gebracht, was man sich erhoffen könnte.

Offene Beziehungen

Eine offene Beziehung oder offene Partnerschaft bezeichnet ein Paar als einfachste soziale Beziehung (Dyade, vom gr. *dýas* [Zweiheit]), in der beide voneinander wissentlich die Freiheit haben, auch andere (Sexual)partner zu haben. Ein solches Arrangement unterscheidet sich formal kaum von einer sogenannten normalen Beziehung. Das zu hören überrascht manche bestimmt. Der kleine Unterschied ist natürlich trotzdem ein gewaltiger.

Was meine ich damit? Es gibt nicht dieses »Null/Eins« in Beziehungen, sondern eine flexible Grenze. (Fast) keine Beziehung ist so geschlossen, dass man *nichts* mit anderen potenziellen Partnern zu tun hätte. Man redet mit ihnen zum Beispiel auf der Arbeit, schreibt sich, ist befreundet. Jede Beziehung definiert ihren eigenen Punkt, ab dem man eifersüchtig wird und Fremdgehen im Raum steht. Da die meisten Paare aber vor allem »Körperlichkeiten« als Betrug werten, ist es natürlich letztlich dann schon ein großer Unterschied zu offenen Beziehungen, die diese Grenze nicht setzen.

Trotzdem haben offene Beziehungen in der Regel durchaus Limitierungen, nur halt andere. Typische Grenzen sind zum Beispiel, dass man sich nicht verlieben »darf«, Ehrlichkeit hergestellt wird über andere Partner oder man sich nur wenige Male trifft mit einer neuen Person.

Wenn man sich diese Grenzen anschaut, kann man schon sehen, wie leicht sie zu durchbrechen sind. Und dann gibt es genauso viele Verletzungen wie in anderen Beziehungen auch.

Entscheidend ist aus meiner Sicht, mit welcher Intention man in ein solches Konstrukt geht. Wenn ich es »nur« mache, um meinen eigenen Bindungsängsten aus dem Wege zu gehen, dann ist doch wieder schnell das Ego am Start. Dann nimmt man sich vielleicht großzügig viele Freiheiten und meckert aber beim anderen. Oder man verteidigt kaltes und unempathisches Verhalten dem Hauptpartner gegenüber mit der Beziehungsform (obwohl die gar nichts damit zu tun hat). Überhaupt keine gute Idee ist, sich aus Verlustangst auf solch ein Abenteuer einzulassen, weil man auf gar keinen Fall den anderen verlieren will und dann alles akzeptiert. Bei den offenen Beziehungen, die ich kennengelernt habe, hatte ich oft das Gefühl, dass die *nur einer* wirklich wollte!

Abgesehen davon werden manche in offenen Beziehungen überlegen, ob sie sich nicht doch zu viel vorgenommen haben. Wenn der Wunsch aufkommt nach einer offenen Beziehung, ist es vielleicht eine ganz spezielle Lebenssituation. Vielleicht möchte man eine alte Beziehung irgendwie weiterlaufen lassen und gleichzeitig neue Optionen ausprobieren. Das kann aber sehr »nach hinten losgehen«, wenn diese Optionen beispielsweise nur heiße Luft sind und plötzlich der alte Partner mit jemand Neuem dasteht. Das Blatt kann sich dann sehr schnell wenden.

Trotzdem habe ich großen Respekt vor Menschen, die sich gegenseitig achtend versuchen, die Grenzen zu erweitern; und es gibt bestimmt einige Paare, denen dies auch gelingt. Man möge aber nicht denken, dass eine offene Beziehung weniger Pflege oder Kommunikation braucht. Das Gegenteil dürfte eher stimmen.

Ein positiver Aspekt eines offeneren Systems kann sein, dass man gar nicht mehr so viel mit anderen will, wenn es plötzlich »erlaubt« ist. Viel Drama und Reiz rund um Dreiecke entstehen ja im Wesentlichen aus der Heimlichkeit.

Langer Rede kurzer Sinn, habe ich zu offenen wie auch polyamoren Konzepten immer folgenden Hinweis: Versuche nicht, mit mehreren Menschen zu jonglieren, wenn du nicht mal einen Menschen in einer monogamen Beziehung händeln kannst.

Polyamorie

Polyamorie ist eine Form des Liebeslebens, bei der eine Person mehrere Partner liebt und zu jedem einzelnen eine Liebesbeziehung pflegt, wobei alle Beteiligten dies wissen und einvernehmlich leben. Ein solches Arrangement unterscheidet sich von der offenen Beziehung dadurch, dass es klare Außengrenzen gibt, aber innerhalb der Grenzen mehr als zwei Menschen eine Beziehung führen. Vielleicht sind polyamore Beziehungen etwas ausgewogener als offene Beziehungen, weil man zumindest kein neues permanentes Ungemach fürchten muss (es sei denn, es werden ständig Menschen »hinzugefügt«, aber das wäre nicht meine Vorstellung von »polyamor«).

Auch hier finde ich es durchaus ehrenvoll, wenn Menschen unsere Beziehungsmodelle weiterentwickeln wollen. Es gibt nur Folgendes zu bedenken.

Ein großer Teil der psychoanalytischen Literatur dreht sich (zu Recht) um das ödipale Dreieck, ein kontrovers diskutiertes psychoanalytisches Erklärungsmodell der psychosexuellen Entwicklung im frühen Kindesalter nach Sigmund Freud. Das ist eine recht komplizierte Angelegenheit. Ich will es hier deshalb für den Hausgebrauch grob so zusammenfassen: Drei sind viel schwieriger als zwei. Zu dritt ausgehen kann viel schwieriger sein als zu zweit. Drillinge sind unfassbar viel anstrengender als Zwillinge. Das erste Kind bekommen und Familie werden ist sehr schwierig. Dreierbeziehungen (und Vierer-, Fünfer-) sind einfach um Längen anspruchsvoller.

Manche daten unter dem Label »polyamor«, um ihre schönen toxischen Dreiecke aufzubauen, aber ihre Partner wissen witzigerweise gar nichts davon.

Man sollte prüfen, ob »gleiches Recht für alle« gilt. Wenn sich ein Mann von zwei Frauen nur in seine Richtung bedienen lassen will, ist das nicht polyamor.

Dann die Pseudospiritualität: Ich kann gar nicht sagen, wie oft ich von Menschen in spirituellen Zusammenhängen gehört habe, die sich in ihrem Meditationszentrum oder was auch immer verstrickten. Klar kann man da Beziehungsmodelle ausprobieren, wenn aber »spirituell manipuliert« wird, dann ist das echt schlimm. Das kann zum Beispiel so laufen, dass ein Leiter, Priester, Teilnehmer oder dergleichen sexuelle Kontakte eingeht mit anderen Teilnehmern, und wenn diese dann Exklusivität haben wollen, wird das abgetan damit, dass sie wohl noch nicht genug meditiert hätten oder noch »Anhaftungen« hätten.

Es ist ja schön, wenn jemand seine Überzeugungen lebt, aber heutzutage treibt das mitunter schon seltsame Blüten. Man muss es unbedingt nach außen posaunen, wie cool und erwacht, »woke«, man ist, und kann dann auf die bedauernswerten monogamen Beziehungen herunterschauen. Auch das ist natürlich wieder ein Fest fürs Ego, das um jeden Preis etwas Besonderes sein will (als wären wir das alle nicht sowieso).

Die Frau wählt aus (Female Choice)

Wenn wir über die »Ausbruchsversuche« reden, sollte man eines nicht vergessen: Stammesgeschichtlich war es die meiste Zeit so, dass die Frauen signalisierten, mit wem sie Sex hatten (wie bei den meisten Säugetierarten). Auch heute ist es in der Regel so, dass die Frau aussucht, wenn sie die Möglichkeit dazu hat. Das Klischee: In einer Bar sendet die Frau mehr oder weniger subtile Signale, und der Mann spricht sie dann an. Aktuell sind die Signale auch manchmal sehr frontal, aber letztlich haben viele Frauen mehr »Marktmacht«, zumindest bis zu einem gewissen Alter, ab dem sich das dann auch wieder etwas umkehrt.

Wenn zwei Menschen auf ein frühes Date gehen, weiß die Frau in der Regel, wie das Date enden wird, falls ein potenzielles minimales Interesse besteht. Eine Frau muss in der Regel nicht mit einer Zurückweisung rechnen, der Mann schon. Auch auf verbreiteten Dating-Apps kann man das beobachten, was ungeregelt dazu führt, dass 70 bis 80 Prozent der Frauen auf die 20 bis 30 Prozent attraktivster Männer gehen und sich der Rest der Männer um die wenigen anderen Frauen schlägt. Genetische Analysen legen nahe, dass das stammesgeschichtlich vor der Sesshaftwerdung, bei der die Männer eine Zivilisation unter Ausschluss der Frauen schufen, die Norm war und dazu geführt hat, dass sich zwei Drittel der Männer erst gar nicht fortgepflanzt haben. Das scheint sich zu wiederholen: In den USA kann man schon sehen, dass sich Männer zusammentun, die einfach keine Partnerin mehr finden, was natürlich recht problematisch werden kann.[27]

Wenn wir alle Beziehungskonzepte über Bord werfen, kann es durchaus sein, dass die Karten ganz neu gemischt werden. Ich will das hier nicht bewerten, aber dem müssten wir uns dann stellen. Ein Grund für die monogame Beziehung war sicherlich unter anderem, die Gesellschaft zu befrieden. Dass dies wohl auch zum Patriarchat geführt hat, war natürlich eine sehr ungünstige Entwicklung. Wir sollten uns aber bereit dafür machen, dass ganz neue Probleme entstehen können, wenn wir den Dating-Markt weiter »deregulieren«.

Zusammengefasst kann man sagen, es ist grundsätzlich gut und richtig, klassische Beziehungskonzepte zu hinterfragen. Wenn dann aber doch nur wieder Ego-Angstspiele auf den Plan treten, sind wir nicht richtig viel weiter gekommen. Es ist dann sogar etwas gefährlich, weil wir den Schutz etablierter Konstrukte verlassen. Aber letzten Endes müssen wir den Weg gehen, auch durch diese schwierige Übergangszeit.

Warum es so schwierig ist, seine Probleme loszulassen (passiv-aggressiv)

Einem Koan zufolge geht ein Schüler zu seinem Meister. Er fragt: »Meister, wie kann ich meine Ängste loslassen?« Der Meister lächelt und sagt zu ihm: »Hör auf, den Kaktus zu umarmen!«

Ich glaube nicht, dass Menschen bewusst leiden wollen. Selbst wenn sie sich wehtun (den Kaktus umarmen), hat es in der Regel einen Sinn, um sich auf einer anderen Ebene anschließend wohlfühlen zu können. Aber zu grübeln, Angst zu haben und ständig im Drama zu leben kann schon eine Art Lifestyle sein, den man von klein auf gelernt hat. Man hat ihn gelernt, weil man schon als Kind ständig im Drama war oder man allgemein von der Konstitution anfällig ist dafür. Aber warum sollte man daran festhängen?

Wie wir ja bereits beleuchtet haben, hasst unser Ego Langeweile. Es ist fast das Schlimmste. Das Ego hat nicht gerade viel Tiefe, und in der Ruhe könnte man merken, dass da erst mal eine ziemliche Leere ist. Außerdem treten in tiefer Ruhe oder Langeweile die Themen ans Sonnenlicht, die man ständig wegzudrücken versucht. Das können vor allem verdrängte Emotionen sein.

Diese Leere scheint eine wichtige Station auf dem Weg zur Erleuchtung zu sein (siehe Meilenstein 4). Viele erleuchtete Menschen sind kurz vorher auf mannigfache Weise völlig am Ende, erst dann scheint das Ego wirklich aufzugeben. Buddha selbst war, bevor er sich unter den berühmten Bodhi-Baum setzte, sehr frustriert von seinem Weg mit vielen Jahren strenger Askese, die ihm nicht die Erleuchtung gebracht hatten. Er schwor sich, nicht wieder aufzustehen, bevor er nicht völlige Erleuchtung erfahren hätte.

Auch andere spirituelle Meister sprechen von ähnlichen Erfahrungen. Das heißt aber natürlich nicht, dass man gleich erleuchtet wird, nur weil man mal ein bisschen Leere aushält.

Aber zurück zum Drama. Das Drama hält uns fern von der Leere, und ja, es gibt unserem Leben vordergründig einen Sinn. Beharrlich um einen anderen Menschen zu kämpfen, sich ständig als Opfer zu sehen und gegen die böse Welt anzutreten kann ein enormer Lebensinhalt sein. Dieser Inhalt führt nur leider nicht wirklich zu etwas, außer vielleicht zum Leid.

Auch in meinen Beratungen ist es wie gesagt ein großes Problem, dass wir oft unnötig in verletzenden Situationen drinbleiben oder uns sogar einreden, es gäbe keinen Ausweg. Natürlich kann man nichts dafür, wenn sich Partner sehr manipulativ und egozentrisch verhalten. Aber man hat schon eine gewisse Mitverantwortung, wenn man diese Situationen immer wieder aufsucht.

Wenn ich auf den Social-Media-Plattformen dazu aufrufe, doch diese Opferhaltung endlich aufzugeben, bekomme ich in der Regel die meisten Wutnachrichten. Wir wissen ja inzwischen: Man kann Menschen viel sagen, aber man darf ihnen nicht ihren Opfer-Status nehmen. Es ist einfach psychisch so viel angenehmer zu sagen, der andere sei böse/Narzisst/Psychopath, als die eigene (Mit)verantwortung zu sehen. Als Opfer wähnt man sich obendrein immer zu den »Guten« gehörig. Viele Menschen, die reichlich Unglück in ihrem Leben erfahren mussten, haben dieses »Trauma« quasi in ihre Identität eingebaut, und das ist echt schwer loszulassen.

Wenn wir aber unsere alte Liebesrealität Richtung 5D verlassen wollen, müssen wir einfach irgendwann mal diesen Täter-Opfer-Kreislauf loslassen, wie ich schon mehrfach betont habe. Und ein extrem (!) wichtiger Punkt dabei ist, sich nicht mehr als Opfer zu sehen. Es ist ein bisschen, wie von einer Sucht zu genesen, weil mit dem Drama ja ebendiese heftigen Hormone korrelieren, was durchaus eine gewisse Intensität haben kann. Die Intensität heißt aber nicht, dass dies gesund wäre. Menschen in toxischen Beziehungen verwechseln gern Intensität mit Intimität. Auch Koabhängigkeit ist Abhängigkeit.

Wenn du dieses scheinbar schöne »Spiel« loszulassen beginnst, wird sich das seltsam anfühlen. Es wird sich paradoxerweise so anfühlen, als ob du einen alten Freund loslassen würdest. Es wird sich anfühlen, als ob eine verrückte Art von Stütze dich verlässt. Es wird sich anfühlen, als ob du Erdung und Bodenhaftung verlierst. Obendrein machst du diesen Prozess nur für dich und vielleicht in einem sozialen

Umfeld, das diesen Prozess (noch) nicht macht. Das heißt, du wirst keine besondere oder gar wohlwollende Aufmerksamkeit dafür bekommen, eher sogar Aufmerksamkeit verlieren, weil andere merken, dass du irgendwie nicht mehr dazugehörst. Vielleicht merken andere aber auch, dass du zunehmend einen »Glow« bekommst, ein Leuchten, und interessieren sich für deinen Weg. Erst mal würde ich dann aber mit Neid rechnen.

Aber auch das solltest du ihnen nachsehen. Denn auf dem Weg in die fünfte Dimension müssen wir den Fokus legen auf Mitgefühl, Vergebung und Einheit. Wenn wir weiter einfach nur aufrechnen und die »Wir-gegen-die«-Mentalität nicht loslassen können, sind wir nicht so viel weiter gekommen.

Warum manche Freundschaften enden, wenn wir höher schwingen

Wenn wir selbst an uns arbeiten, verändern wir unsere Schwingung. Unsere Schwingung oder Frequenz ist sicherlich ein komplexes Thema, das wir hier wahrscheinlich einfach nicht ganz verstehen. Ich sehe es so, dass jeder seine ganz eigene Grundschwingung hat, mit der er im Universum quasi »gefunden« werden kann. Darüber hinaus haben wir aber wechselnde Frequenzen, je nachdem, wie weit wir so gekommen sind in unserer Entwicklung. Man kann sich das völlig vereinfacht vorstellen wie Radiofrequenzen, bei denen Sender und Empfänger auf der gleichen Schwingung sein müssen, damit etwas ankommt. Wenn ich also auf Langwelle war zusammen mit meinen Freunden und plötzlich auf UKW bin, dann passt es nicht mehr. Umgekehrt natürlich auch. Wenn ich zum Beispiel anfange, mich mit Substanzen zu betäuben, senke ich meine Schwingung entsprechend.

Viele von meinen Klienten arbeiten ja kontinuierlich an ihrem Liebeschip und erhöhen damit ihre Frequenz – also ihren Bewusstseinsgrad. »Schwingung« ist schon auch deshalb ein guter Begriff, selbst hier in der »materiellen« Welt, die ja eigentlich eine Illusion ist, weil man tatsächlich wirklich eine andere Ausstrahlung hat. Man selbst bemerkt seine veränderte Ausstrahlung allerdings nicht unbedingt, man steckt ja selbst drin, und es fühlt sich alles »ganz normal« an.

Materie besteht nicht aus Materie

Was uns im Alltagsbewusstsein als fester Körper erscheint, ist mitnichten etwas Undurchdringliches. Materie besteht aus Atomen, diese bestehen aber zu 99,99999 Prozent aus leerem Raum. Wäre das Atom eine Kathedrale, wäre der Atomkern ein Sandkorn. Aber auch der Atomkern besteht aus noch kleineren Teilchen mit quasi noch mehr leerem Raum. Dazu haben im sogenannten Standardmodell Elementarteilchen eigentlich keine Masse (so sieht es zumindest mathematisch aus). Die Masse wird erst durch das sogenannte Higgs-Feld gegeben, was wir hier aber nicht weiter ausführen wollen.

Weiter erscheinen Materieteilchen mal als Materie, mal als Welle (Welle-Teilchen-Dualismus). In einem noch weiter gehenden Modell, der Stringtheorie, besteht alles im Universum aus eindimensionalen Schwingungen.

Also, auch die moderne Physik bestätigt: Alles ist eigentlich Schwingung oder Energie, die miteinander interagiert. Spirituell würde man sagen; Materie ist verlangsamte Schwingung (ob sich das physikalisch auch mal so sagen lässt, wissen wir bis jetzt noch nicht).

Warum wirken Atome trotzdem wie Masse? Weil der leere Raum nicht leer ist, sondern voller subatomarer Energie steckt, die quasi einen Minitornado erzeugt. Wir können nicht durch eine Wand fassen, weil die Energieschwingung der Hand durch die Energieschwingung der Wand aufgehalten wird.

Und es wird noch verrückter: Die Basis jeder Materie sind nicht nur wirbelnde Quantenenergien. Sie sind auch ein Möglichkeitsfeld, definiert quantenphysikalische Wellenfunktionen. Erst wenn das Atom gemessen wird, also beobachtet wird, verschwindet dieses weite Feld und wird zu realen Teilchen an definierten Plätzen. Das Bewusstsein interagiert also quasi mit der subatomaren Welt.

Ob man daraus jetzt schon weitreichende spirituelle Manifestationsmöglichkeiten ableiten kann, wie es vielfach getan wird? Da fehlen wohl noch viele Zwischenstufen, aber der Weg ist ja noch nicht zu Ende. Tatsächlich scheint die Quantenwelt eine hervorragende Schnittstelle zwischen Bewusstsein, Spiritualität und Materie zu sein.

Es kann aber auch sein, dass deine Freunde dich einfach überhaupt nicht mehr verstehen. Es ist mit einer höheren Schwingung nicht automatisch so, dass andere dich als eine Art »Guru« wahrnehmen – das wäre ja schön! Vielmehr sieht es aus, als ob du einfach irgendwie nicht mehr passt, und das fühlt sich für Freunde eher so an, als ob irgendetwas nicht stimmt mit dir. Aber sie können nicht genau den Finger drauflegen.

Es wird also des Öfteren so sein, dass du deine alten Freunde abstößt, obwohl du das gar nicht willst. Vielleicht hast du schon genug damit zu tun, eine langjährige toxische Beziehung verlassen zu haben, möchtest dich auf deine Freunde stützen, und dann fängt's da auch noch an zu haken. Es ist wie verhext! Du möchtest wieder eintauchen, wie es immer war in deinen Freundschaften, aber es geht einfach nicht. Dir fallen Dinge auf, die du vorher nie bemerkt hast, zum Beispiel wie einseitig die Freundschaften möglicherweise waren. Du kannst so was nicht mehr übersehen. Du kannst das Rad nicht zurückdrehen, auch wenn du es wolltest. Und in diesen Momenten ödet dich deine Höherschwingung vielleicht so richtig an. So hattest du dir das doch nicht vorgestellt, oder …?

Solche Probleme gehören zu dieser 4D-Übergangsdimension. Du hast Leid erlebt, du hast Erkenntnisse gesammelt, du hast dich verändert. Leider führt das nicht gleich ins Goldene Zeitalter.

Das kann eine sehr merkwürdige Phase sein, wenn man das Toxische aufgegeben hat, man aber noch nicht weiß, wo man denn jetzt hingehört. Man fühlt sich wie in einem Niemandsland, ungeerdet, nicht zu Hause. Und dieser Zustand macht einem leider nicht viel Mut für weitere Veränderungsschritte. Zum Glück kann man jetzt tatsächlich nicht wieder zurück. Man kann sich irgendwie nicht wirklich zurückentwickeln. Das Bewusstsein dehnt sich aus und zieht sich nicht wieder zusammen. Aber es kann schon eine echt anstrengende Phase sein.

Wie ich immer sage: Der Weg zum Gipfel ist nicht überlaufen! Wenn du bewusst Dinge änderst, wenn du dein Leben tatsächlich in den Griff bekommst oder Erfolg hast, erwarte nicht unbedingt Applaus von alten Freunden. Wenn er denn doch ertönt, grandios! Aber typischerweise geht man dann erst mal ein Stück weit etwas mehr für sich.

Was wir hier über Freundschaften sagen, kann natürlich auch genauso übertragen werden auf Bekanntschaften, Arbeitsplätze, geschäftliche Beziehungen, familiäre Verbindungen und so weiter. Was manchmal allerdings viel besser funktioniert, sind kurze intensive Momente mit komplett Fremden. Du machst vielleicht mit (noch) völlig unbekannten Menschen kurze, liebevolle, verrückte Erfahrungen, die dir wie aus dem Nichts zufallen. *Zufall* ist es natürlich nicht, es liegt an deiner veränderten Schwingung.

Warum man Angst vor Erleuchtung haben kann

Vielleicht denkst du: »Was hab ich denn mit Erleuchtung zu tun? Ich sitze nicht acht Stunden am Tag vor einer weißen Wand und singe indische Sutren.«

Nun, die Zeiten sind andere geworden, und es sind heute ganz andere Dinge möglich als vor zweitausend Jahren. »Erleuchtung« hört sich groß an. Ich rede lieber von »Erwachen«. Ein Erwachen zu dem, was wir wirklich sind. Unendliche Seelen in einem menschlichen Körper auf einer verrückten Reise durch die Galaxis, wie ich es bereits beschrieben habe. Dieses Erwachen ist oft ein langsamer Prozess, er kann aber natürlich auch mal recht flott in die nächste Stufe gehen.

Wie ich in den vorangegangenen Kapiteln schon sagte, kann sich die Schwingungserhöhung wirklich fremd anfühlen. Das muss es nicht unbedingt, aber man sollte sich gut erden in diesem Prozess. Sonst bricht man möglicherweise unbewusst die Weiterentwicklung ab oder wird im sprichwörtlichen Sinne »abgehoben«.

Wir dürfen die Wissenschaft und all das Ganze hochhängen und dennoch fühlen, dass es da mehr gibt, und den inneren Eingebungen dazu ganz stark vertrauen. Auch viele Naturwissenschaftler sind sehr spirituell. Man denke nur an Max Planck, der schon im frühen 20. Jahrhundert sagte,

> *»[dass die] exakte Methodik, deren sich die Naturwissenschaft bedient […] heute sich auch an weniger anschauliche Probleme […] heranwagt, daß sie auch solche der Psychologie, der Erkenntnislehre, ja sogar der allgemeinen Weltanschauung mit Erfolg in Angriff nimmt und von ihrem Standpunkt aus einer eindringenden Behandlung unterwirft. Man darf wohl sagen, daß es gegenwärtig keine noch so abstrakte Frage der menschlichen Kultur gibt, die nicht in irgendeiner Beziehung stände zu einem naturwissenschaftlich faßbaren Problem.«*[28]

Ich meine, sehen zu können, dass sich Wissenschaft und Spiritualität sehr stark ergänzen werden und vielleicht sogar irgendwann eine Symbiose eingehen. Es braucht nur einen wirklichen Durchbruch in der Öffentlichkeit an diesem Punkt, dann ist das Feld komplett geöffnet.

Letztens Endes zählt nur eines, worauf du dich hundertprozentig verlassen kannst: deine eigene innere und äußere Wahrnehmung. Wenn also du vermehrt innere bemerkenswerte Prozesse erlebst, dann lass dich nicht davon abbringen, wenn das Kollektiv sagt: »Das kann nicht sein.« Das geht natürlich in beide Richtungen. Auch wenn zum Beispiel dein neues Umfeld behauptet, du solltest irgendwelche spirituellen Rituale zelebrieren, du es aber einfach nicht fühlst, dann lass es bleiben!

Wenn 3D zusammenbricht

Wie ja schon gesagt wurde, hat die vierte Dimension, dieser Übergang, etwas von Chaos an sich. Das ist zumindest so, wie ich es erlebe. Wenn wir durch höhere Schwingungen gehen, ist das kein sprichwörtlicher Kindergarten oder Ponyhof, sondern ein sehr heftiger Prozess. Indem unser System auf dieses höhere Energieniveau geht, zwingt es quasi niedrigere Energien nach draußen. Sie können einfach nicht bestehen bleiben.

Mir fällt dazu immer ein etwas drastisches Bild ein, es ist vielleicht nichts für Tierfreunde, aber es trifft es gut. Es ist, wie wenn die Ratten aus der Kanalisation kommen, wenn es Hochwasser gibt und sie dort unten nicht mehr überleben können. Es treibt die negative Energie geradezu an die Oberfläche. Wiederum ist es keine Wertung, weder für Ratten noch für die negativen Energien. Es ist einfach so. Wenn du ein anderes Bild lieber magst: Es ist, als wenn du ein feines Sieb durch deinen Körper kämmtest, bei dem die groben Dinge einfach hängen blieben. Diese groben Dinge sind dann halt nicht mehr im Untergrund, sondern kommen ans Licht. Das ist auch kein Kampf von Dunkel versus Licht, das ist einfach ein Übergang. Und dieses Hängenbleiben kann sich durchaus als psychische oder physische Schmerzen zeigen. Eine weitere Analogie dazu ist Fieber. In diesem Sinne wäre 3D die Infektion, 5D die Heilung und 4D das Fieber.

Wo diese Niederschwingungen sind, kann jeder für sich selbst herausfinden. Wiederholt ein kleiner Tipp: Menschen, die am meisten irgendwohin zeigen, wo es angeblich dunkel ist, sind oft selbst in der 3D-Kämpfer-Energie.

Dieser Prozess verläuft nicht ruhig und gesittet, sondern *disruptiv*, das heißt »ein Gleichgewicht, ein System oder Ähnliches zerstörend« (lat. *di[s]ruere* [auseinander-, nieder-, einreißen]). Systeme und Strukturen können von heute auf morgen komplett zusammenbrechen. Ich denke, je mehr wir diesen Prozessen durch unsere inneren Entwicklungen Unterstützung geben, umso handhabbarer wird das sein. Es soll auch überhaupt nicht Unruhe schüren, wenn ich das sage, es soll einfach nur ein bisschen aus meiner Sicht erklären, warum es zurzeit so schwierig ist in der Welt. Selbst die Natur scheint gerade durch diese Prozesse zu gehen und sich aus ihrer Umklammerung zu befreien. Auf wissenschaftlicher Ebene hat das viel mit dem Klimawandel zu tun. Ich denke, auch das ist ein materieller Prozess in der Dimension des Übergangs. Das macht es natürlich für die Betroffenen kein Stück besser. Ich persönlich hoffe aber nicht, dass es in einer Katastrophe globalen Ausmaßes enden wird, wenn wir alle Anstrengungen unternehmen, dem gegenzusteuern.

Doch wer denkt, wir könnten wieder zurückkehren zu den vorpandemischen Zeiten, der irrt meines Erachtens auch gewaltig. Wir werden viel, viel Veränderung erleben, wir sollten aber auch – wenn es stimmig ist – das Gute darin sehen. Vielleicht braucht das aber noch etwas Zeit, bis das so geht. Ich weiß, es ist in den Anfangsjahren der Pandemie kaum vorstellbar, dass da etwas Gutes rauskommen könnte. Aber es werden ja jetzt schon viele Konzepte hinterfragt, unter anderem das der Schule, des Arbeitens und des Reisens. Es ist zwar »nur« wegen des Virus, aber die Prozesse können die Kraft aufbringen, alte, verkrustete Strukturen aufzureißen, damit sich neue, flexible Strukturen zu bilden vermögen. Außerdem haben wir die Gelegenheit, menschliche physische Kontakte wieder ganz neu schätzen zu lernen. Und vielleicht als Allerwichtigstes: Die entstandenen Gräben dürfen – hoffentlich – durch 5D-Liebe überwunden werden.

Warum klassische Religionen uns hier nicht viel weiterhelfen können

Natürlich müssen wir auch noch mal einen Blick auf die Religionen werfen, wenn wir uns über universelle, aber auch körperliche Liebe unterhalten. Wie bereits kurz angesprochen helfen sie uns nicht so übermäßig weiter, was ja beispielsweise die enorm vielen Kirchenaustritte aus den verschiedensten, allgemein bekannten Gründen zeigen. Selbst in dieser endzeitlichen Pandemiezeit, die ja eigentlich eine Zeit sein sollte, in der Menschen sich an die Kirchen wenden, verliert die christliche Kirche an Boden.

Leider ist die Kirche sehr, sehr tief verwoben in die Welt von Macht und Angst, also in 3D. Wir nehmen das alles wie gegeben hin, aber wir spüren immer mehr, dass die Kirche seit Langem einfach nicht das ist, was Jesus uns nahebringen wollte. Die vielfachen Übersetzungen der Bibel und die Einflussnahme von der Amtskirche haben das Spirituelle der Botschaft doch offenbar sehr überlagert. Würde ein Vater oder eine Mutter das eigene Kind in eine Situation schicken, in der es unter Umständen in eine ewige Verdammnis gerät? Wohl kaum. Warum sollte ein liebender Gott das also tun?

In der Bibel zeigt sich faszinierenderweise auch dieser Wechsel von 3D zu 5D. Das Alte Testament hat deutliche Zeichen des 3D-Denkens, hier zwei Beispiele:

> *»Ich bin es. Siehe, ich will die Flut, das Wasser, über die Erde bringen, um alle Wesen aus Fleisch unter dem Himmel, alles, was Lebensgeist in sich hat, zu verderben. Alles auf Erden soll seinen Tod finden« (die Sintflut, 1. Mose 6:17).*

> *»Als die Sonne über dem Land aufgegangen und Lot in Zoar angekommen war, ließ der Herr auf Sodom und Gomorra Schwefel und Feuer regnen, vom Herrn, vom Himmel herab. Er ließ ihre Städte einstürzen mitsamt ihrem ganzen Umkreis, auch alle Einwohner der Stadt und alles, was auf*

den Feldern wuchs« (Sodom und Gomorra, 1. Mose 19:23).

Es lassen sich noch viele weitere Textstellen finden, der »Gott« ist hier grausam und rachsüchtig. Im Neuen Testament gibt Jesus den Wegweiser Richtung 5D, vor allem in dem Grundgebot »Liebe deinen Nächsten wie dich selbst«. Es ist eigentlich das Grundgebot, das sich mit Recht zum Beispiel durch die ganze Selbstliebe-Psychologie zieht. Nur wenn du dich selbst liebst, kannst du toxische Beziehungen vermeiden. Nur wenn du dich selbst liebst (natürlich ohne ins Ego zu verfallen), kannst du wirklich ausgeglichene Beziehungen führen. Selbstliebe und Liebe zu anderen Menschen gleichen sich Richtung 5D immer mehr an und werden schließlich eins.

Aber allein schon die Bibelübersetzung dieses Grundgebots kann schon ziemlich missverständlich sein, weil man sich womöglich gleich schlecht fühlt, weil man glaubt, diesem Gebot nicht gerecht werden zu können. Wenn ich das aber präzisieren würde in Richtung »Du musst erst dich selbst durch und durch lieben, bevor andere dich und du andere lieben kannst«, dann wird schon eher ein Schuh draus. Es ist ähnlich wie mit dem Herzen, es muss sich erst einmal selbst durchbluten können, ehe es unsere anderen lebenswichtigen Organe versorgen kann. Und im Flugzeug soll man im Notfall immer zunächst sich selbst die Maske aufsetzen, bevor man anderen dabei hilft.

Dennoch scheint selbst durch die Kirche heute noch ein kleines bisschen die transzendente Ebene durch, etwas, was wir eigentlich sehr ersehnen. Es gibt auch viele Ansätze, die Bibel wieder quasi rückzuübersetzen, was sich ja auch schon am leicht veränderten Vaterunser in zumindest manchen Ländern zeigt.[29] Dennoch hat sich die Kirche einfach völlig verlaufen und verfahren in dieser ganzen Bürokratie, der Angstmacherei, den Missbrauchsskandalen und, und, und. Die Kirche scheint einfach unfähig zu sein, sich grundlegend zu wandeln, und ich denke, sie wird daher in der bisherigen Form untergehen (was wie gesagt ja schon Rudolf Steiner prophezeite). Aber die transzendente Ebene unserer Verbindung zu nichtphysischen Dimensionen, die wird garantiert *nicht* untergehen.

Wir brauchen heutzutage keine offiziellen Vermittler mehr zur Quelle, wir brauchen keine wie auch immer daherkommenden Gurus oder Priester, um unsere Verbindung zum transzendenten Teil unserer Seele zu fühlen. Vor allem brauchen wir keine *Vor*beter, die 3D *nach*beten, unter welchem Gewand es auch sein mag. Wir können einfach selbst spüren, was uns guttut, und die entsprechenden Rituale so leben, wie wir wollen. Wir haben schon alle unseren grundsätzlichen Kompass in uns: unser Wohlgefühl. Dem sollten wir viel mehr folgen.

Übrigens: Das frühe Christentum hatte durchaus Ideen zur Reinkarnation, die in der damaligen Zeit recht verbreitet waren.[30] Auch diese wurden aber später verdrängt und verbannt.

Reinkarnation

Unter »Reinkarnation« versteht man vor allem im Buddhismus und im Hinduismus die Lehre von der Seelenwanderung, den Übergang der Seele in einen neuen Körper beziehungsweise in eine neue Existenz (lat. *re-* [zurück, wieder] und altlat. *carnis* [Fleisch]). Auch wenn wir nicht an so was glauben, wollen wir doch am liebsten auf alles vorbereitet sein, oder? Lass uns also jetzt dafür sorgen, dass die Welt eine solche ist, in die wir (möglicherweise) gern wiedergeboren werden!

Vielleicht auch noch als zweite Religion ein paar Gedanken zum Buddhismus, der ja recht populär geworden ist im Westen und viele Menschen begeistert. Ähnlich wie bei Jesus empfinde ich Buddha als eine unfassbar faszinierende Wesenheit. Aus rein esoterischer Sicht haben sich die Methoden auch etwas überlebt. Klar, Meditation ist eine enorm wichtige und anerkannte Methode. Fakt ist aber auch, dass offenbar Menschen jetzt Satori-Erfahrungen machen, die nicht so ein strenges Protokoll durchlaufen haben. Man darf auch nicht vergessen, dass Individualität im Osten eine viel geringere Bedeutung hatte und vielleicht auch noch hat. Insofern ist die ganze Lehre durchaus ähnlich wie im Christentum auf die Autorität der Lehrer und Vermittler ausgerichtet.

Satori

Das ist im Zen-Buddhismus ein Terminus für die Erfahrung des »Erwachens«. Das Wort ist abgeleitet vom Verb *satoru* (erkennen). Dabei handelt es sich jedoch nicht um eine Erkenntnis im üblichen oder philosophischen Sinne, weil es in der Erleuchtungserfahrung keine Unterscheidung zwischen Erkennendem und Erkanntem gibt.[31]

Im Westen hat dann aber mit der Aufklärung eine Entwicklung begonnen, die das Ich beziehungsweise Ego enorm stärkte, und das war ein durchaus wichtiger Prozess, um die eigene Schöpferkraft zu spüren und wirklich in die Selbstverantwortung kommen zu können.

Man braucht halt erst mal das Ego, um überhaupt richtig in die eigene Form zu kommen. Um wirklich die eigenen Seelenimpulse im eigenen Körper spüren zu können. Dann kann man das Ego überhaupt erst überwinden und gleichzeitig die Form mitnehmen: So kann man wahre Liebe leben in einem menschlichen Körper.

Der Buddhismus hat teilweise etwas Weltabgewandtes. Ich glaube nicht, dass jeder so mir nichts, dir nichts ins Nirwana entfleuchen will, wo alles ruht. Das ist bestimmt wunderbar, aber wenn es so wunderbar ist, warum sind wir nicht dageblieben? Ich denke, weil wir halt doch was anderes ausprobieren wollten, weil »Alles, was ist«, sich immer wieder neu entfalten will. Was wir natürlich jetzt nicht begreifen können. Es gibt Dinge, die können wir einfach nur hier lernen und erfahren. Die körperlichen, chemischen Emotionen, die körperliche Liebe in allen Facetten, die wir hier haben, das alles ist etwas ganz Besonderes. Die Erde ist einfach unvergleichlich, und wir sollten möglichst nicht in einer Art Weltflucht denken. Welchen Sinn Leiden genau hat, können wir nicht immer verstehen, und die Lehre der Überwindung des Leidens ist superwichtig. Aber wir blasen alles auf und geraten immer wieder aus dem Moment heraus unnötig in die ängstigende Zukunft oder die grüblerische Vergangenheit.

Dabei können Meditationen und die entsprechenden inneren Betrachtungen enorm helfen. Dennoch gehört Reibung einfach zu dem kreativen Prozess auf der Erde dazu.

Im Kern wollen alle Weltreligionen das Gleiche, nämlich dass wir unsere Verbindung zu unserer Seelenheimat spüren. Sie sind der Draht nach Hause, aber es ist halt realiter auch viel Dunkles darin, sprich: viel 3D-Energie. In der einen Religion vielleicht etwas mehr als in der anderen. Wir dürfen uns eklektisch (das heißt »aus etwas Vorhandenem gesammelt«) einfach herausnehmen, was uns guttut; und was wir nicht stimmig finden, dürfen wir auch aus unserer eigenen Autorität heraus einfach sein lassen. Wir brauchen keine Erlaubnis dazu.

Was ich persönlich sehr schön finde, ist die Verbindung von buddhistischen Ideen und christlichen Ideen im Westen. Beide haben so ihre Stärken und können sich enorm befruchten. Wenn du in noch anderen Religionen zu Hause bist, findest du bestimmt auch weitere Anknüpfungspunkte und Überschneidungen. Auch die Psychotherapie liefert einen wichtigen Beitrag. Durch diese kann sich das Ego erst mal heilen und eine feste Basis finden. Und dann kann man auch relaxt aufsteigen auf der spirituellen Spirale. Wenn ich meine psychologischen Themen nicht angehe, nehme ich sie mit in den Aufstieg, wo ich sie mir irgendwann dann doch anschauen muss. (Scheinbares) Erwachen löst meiner Ansicht nach keine Psychothemen, ganz im Gegenteil werde ich vielleicht als Guru sogar noch viel gefährlicher.

Letzten Endes wird aber die Zeit dieser starren religiösen Systeme mit genau festgelegten Abläufen und einem rigiden Falsch-richtig-Denken der Vergangenheit angehören. Menschen, die Rituale gut brauchen können, werden sicherlich weiterhin Orte bekommen, an denen diese bedient werden. Aber um die Verbindung zu unserer eigenen Seele zu erhalten und die universelle Liebe zu spüren, ist ein Platz in der Natur bestimmt genauso gut wie in einer Kirche.

Zu viel Unlichtes ist bekanntermaßen auch im Namen der Kirche passiert, als dass dies einfach so weitergehen könnte. Manche Systeme können sich halt nicht von innen heraus reformieren, und dann brechen sie mehr oder weniger zusammen. Was nicht heißt, dass viele Einzelteile einer Konfession nicht neu zusammengesetzt werden könnten.

Was wirklich nicht mehr geht, ist, den Menschen als durch und durch schlecht darzustellen – oder schwach oder sogar der Verdammnis nahe. All diese Angstmacherei sollten wir wirklich mal hinter uns lassen.

Das spirituelle Ego

Spiritualität rückt immer mehr ins allgemeine Bewusstsein. Das hat viele Gründe. Meiner Ansicht nach liegt es daran, dass sich die Energie auf der Erde kontinuierlich erhöht. Auf jeden Fall scheint es eine Sehnsucht zu geben nach Transzendenz, nach der vertikalen Ebene in unserem Sein. Wir würden diese Sehnsucht nicht fühlen, wenn es sie nicht gäbe. Die klassischen Religionen können solche Bedürfnisse nicht mehr vollständig erfüllen, wie ich ja beschrieben habe. Wir sehen in diesem spirituellen Bereich jetzt ganz andere Probleme, weil es die traditionellen Strukturen so hier nicht mehr gibt. Dadurch eröffnet sich eine große Breite, aber wir haben halt auch keine »Qualitätskontrolle«.

Wenn man den spirituellen Bereich betrachtet, kann man sehen, was gut war an den großen Religionen. Sie haben spirituelle Wünsche kanalisiert, was auch einen stabilen Rahmen schuf. Man wusste halt, was man bekommt, wenn man zum Beispiel zu einer Beichte oder eine Taufe geht. Natürlich gibt es auch viele spirituelle oder esoterische Traditionen, bei denen das ähnlich ist, zum Beispiel die Anthroposophie, die ja auch sehr stimmig Christentum und Buddhismus verbindet. Aber es gilt hier das Gleiche, wir müssen einfach schauen, was sich aktuell gerade stimmig anfühlt, wir können meiner Ansicht nach nicht mehr einfach übernehmen, was vielleicht vor hundert oder mehr Jahren innovativ war.

Wenn Menschen heutzutage spirituelle Inhalte weitergeben, dann werden diese oft »gechannelt«, also quasi direkt aus der geistigen Welt übermittelt. Ob diese Inhalte dann natürlich wirklich aus höheren Ebenen kommen oder nicht, ist natürlich eine gute Frage. Letzten Endes ist da leider auch wieder unsere eigene innere Stimme gefragt. Wir sind gut beraten, wenn wir zulassen können, dass es viel mehr gibt als das, was wir sehen. Das heißt aber nicht, dass wir uns von Neuem erzählen lassen sollen, wie der Hase läuft. Wenn Botschaften weitergegeben werden, dann ist das keine Eins-zu-eins-Übersetzung. Was man im Inneren empfängt, muss noch übersetzt werden in unsere Sprache und durchläuft dabei verschiedene Prozesse, unter anderem geht es auch wieder durch das Ego, das eben mehr oder weniger im Hintergrund sein kann. Vorausgesetzt, man hat überhaupt etwas Wesentliches empfangen.

Ich finde diese Welt der Channelings tatsächlich enorm spannend und hab das selbst schon sehr oft ausprobiert und davon profitiert. Letztlich kommt es immer drauf an, was sich stimmig und was sich vielleicht auf eine verrückte Art wie eine Art Erinnerung anfühlt. Was ich an dem Thema superschön finde, ist, dass sich eine neue Sicht auf Transzendenz oder Religiosität eröffnet, die wirklich voller Liebe und Verbindung ist, die man richtig spüren kann. Das kann einen schon regelrecht begeistern. Viel mehr, als man das zum Beispiel aus der Kirche kennt, die uns mit ewiger Verdammnis droht.

Aber leider, leider leben wir in diesem verrückten Übergang, und das heißt, dass die Verquickung zwischen Ego und Spiritualität mal wieder sehr eng ist oder zumindest sein kann. Die Menschen sind extrem verunsichert durch diese heftige Pandemie und auch die ganzen Naturkatastrophen, die es ja auch in Deutschland gibt (man denke nur an die verheerende Flut an der Ahr und anderswo im Jahr 2021). Immer in solchen unsicheren Zeiten klammern sich die Menschen förmlich an jeden Strohhalm, weil die Erde regelrecht unter den Füßen wackelt.

In diesen Zeiten sind wir immer etwas anfällig für Leute, die uns ganz einfache Schwarz-weiß-Szenarien vor allem auf Social-Media-Plattformen präsentieren oder uns kurzfristige Hoffnungen machen. Spirituelle Angebote haben einen enormen Zulauf erhalten, und oft ist die Rede von unserem Weg Richtung 5D oder zumindest von besseren Zeiten, was ja offensichtlich eigentlich ein wunderbares Thema ist. Das Problem ist halt nur, dass eben erst mal niemand sagen kann, wie valide diese Informationen wirklich sind. Gerade rund um die Pandemie sind viele Teile der spirituellen Szene ziemlich abgedriftet in eine Art *gloom and doom*, also mal wird irgendein Untergang vorhergesagt, mal irgendein lichtvolles Ereignis. Ich fand es faszinierend zu sehen, dass ständig Dinge vorhergesagt wurden, die nicht eintraten, und wenn Dinge eintraten, wurden sie als quasi unausweichlich nachträglich in die »Lehre« eingebaut. All diese Unstimmigkeiten scheinen aber viele Menschen nicht zu stören, weil dieses Märchenartige einfach zu schön ist. Auch scheint wenig zu stören, dass die Aussagen dieser Kanäle sich doch heftig widersprechen.

Spiritualität in all ihren Facetten hat eine unfassbare Anziehung auf das Ego, obwohl diese das Ego doch eigentlich überwinden will. Sie bietet eine enorme Möglichkeit nach einer großen Aufmerksamkeit, ohne dass man dafür besonders viel abliefern muss. Ich habe selten so ausgeprägte Egos gesehen wie im spirituellen Bereich. Das soll nicht heißen, dass den channelnden Medien das bewusst wäre oder ihre Botschaften nicht auch ganz oder teilweise stimmen könnten. Aber wenn man zum Beispiel hört, in zehn Jahren würden vegane Tiere im Wald rumrennen und die anderen Tiere dann nicht mehr »mitspielen dürfen«, wird es schon etwas *strange*.[32]

Wenn man angibt, bestimmte spirituelle Ziele erreicht zu haben, zum Beispiel hohe Engelwesen oder aufgestiegene Meister (also Jesus, Maria et cetera) zu channeln, dann ist das schon ein heftiger Ego-Push.[33] Wie gesagt, ich will das gar nicht in Abrede stellen, aber wenn die Botschaften Ego-Anteile enthalten oder stark von 3D geprägt sind im Stil, dann sollte man das schon mal überprüfen.

Wie kann man das überprüfen? Nun, wenn Botschaften wirklich so höherdimensional sind, dann sind sie voll von unbedingter Liebe. Unbedingte Liebe heißt natürlich: Niemand wird verteufelt! Alle Seelen sind von der Quelle, auch die der Menschen, die man nicht so mag. Natürlich können die Botschaften gewisse Hinweise enthalten, aber diese sollten stets extrem wohlwollend und freilassend sein. Aus einer lichtvollen Dimension hat man auf jeden Fall höchsten Respekt vor dem freien Willen des Menschen und bewertet ihn nicht, noch putzt man ihn runter. Wenn also in esoterischen Botschaften knallharte Bewertungen oder absolute Aufforderungen enthalten sind oder bestimmte Haltungen quasi verdammt werden, dann hat man es mit 3D *at its best* zu tun, egal, welches Etikett da draufgeklebt ist. Das heißt nicht, dass die ganze Botschaft davon betroffen ist, aber dann wird doch ganz schön viel durchs Ego gegangen sein, was den eigenen Senf dazugeben wollte. Immer wenn wir auf allgemeine Bewertungen treffen, sind wir im Lande Ego und in tiefer Dualität.

Ich habe auch so eine kleine Schwäche, mein eigenes Licht unter den Scheffel zu stellen und nach Quellen zu suchen, an denen ich mich ausrichten kann. Ich fand, dass das immer so lange funktioniert hat, bis derjenige »Meister« plötzlich ein Verhalten zeigte, das massiv selbstverliebt oder gekränkt-manipulativ erschien, dann war der Zauber für mich oft vorbei. Ich höre auch von dem einen oder anderen Guru der Selbstentwicklung sehr merkwürdige Geschichten. Jetzt kann man natürlich sagen, jeder Mensch hat mal einen schlechten Tag. Ja, aber hochentwickelte Menschen bleiben immer demütig und sagen dann auch einen Tag später, dass der Tag davor wohl nicht so toll war. Wenn wir in einer sehr hohen Schwingung sind, wollen wir einfach nur dienen und anderen helfen. Nicht aus einem Gebot heraus, sondern weil wir so unfassbar überfließen. Keinesfalls wollen wir der oder die Coolste sein und die meisten Likes bekommen.

Es gibt ja mittlerweile viele Videos und viel Material über 5D, wo wir hinwollen, was auch teilweise sehr interessant ist. Wenn aber, sagen wir mal, die entsprechenden Videos mit extrem reißerischen, marketingorientierten Titeln angeboten werden (in der Art »Mach Übung XY, und du bist für immer in 5D – kein Weg zurück« oder »Was dir die Erleuchteten der Welt nicht sagen« [die Quelle will ich gar nicht angeben]), dann ist – sorry – doch wieder zumindest auf der Verpackung nur wieder 3D. Denn offenbar sucht man den kurzfristigen Erfolg und möchte über Drama verkaufen. Das ist jetzt nicht falsch oder böse, aber ist keine 5D-Energie, wo man vielleicht sagen würde: Hey, die richtigen Menschen werden schon zu diesem Video finden, auch ohne einen 3D-Titel. Das Gleiche gilt natürlich für alle Angebote, die erst mal Angst machen, um dann verkaufen zu können.

Die Fähigkeit, übersinnliche Wahrnehmungen haben zu können, hat aber keinesfalls etwas damit zu tun, wie weit man psychologisch fortgeschritten ist. Es gibt wunderbar inspirierende Menschen, die sehr irdisch orientiert sind. Ich habe viele Atheisten kennengelernt, die aus meiner Sicht zutiefst spirituelle und liebende Menschen waren. Und es gibt andererseits Zeitgenossen, die vielerlei hellsichtige Fähigkeiten haben, aber ansonsten tief aus ihrem Ego heraus agieren. Wiederum heißt das nicht, dass man diese Fähigkeiten nicht nutzen soll oder darf, aber einmal mehr ist wirklich unsere ureigenste Unterscheidungskraft gefragt. Macht dich eine Botschaft stärker oder schwächer? Baut sie dich auf oder zieht sie dich runter? Wir müssen einfach voll in unsere eigene Kraft und Autonomie kommen – wir müssen den Meister oder die Meisterin *in uns selbst* finden. Ich denke, das ist enorm wichtig – denn die spirituellen Angebote werden weiter zunehmen. Warum ist denn das nun so eine Gefahr? Wie gesagt, einmal ist dies eine famose Möglichkeit für das Ego, sich wieder ganz besonders zu fühlen. Aber es gibt noch einen anderen Aspekt. Wenn wir uns »nach oben« entwickeln, entstehen neue Fähigkeiten und auch einfach eine neue Ausstrahlung. Es entsteht Begeisterung vor allem. All das ist etwas Wunderbares und soll so sein. Wir driften dann etwas nach oben, sind aber nun mal noch in dieser Dualität zwischen Himmel und Erde. Immer wenn wir eins zu sehr betonen, kommen wir aus der Balance. Wenn wir zu sehr »irdisch« sind, sind wir sehr in der Materie verfangen, aber auch sehr »bodenständig«, wie man so sagt. Wenn wir zu sehr »abheben«, heben wir auch sprichwörtlich ab. Wir werden eben »abgehoben«, etwas manisch und verlieren ebendiese so überaus wichtige Bodenhaftung. Je spiritueller wir werden, desto mehr müssen wir uns immer wieder erden. Sonst pushen wir doch wieder unsere Ego-Reste. Das ist echt eine große Gefahr. Wenn wir denken, wir sind die Allergeilsten, kann uns alles, was wir uns aufgebaut haben, um die Ohren fliegen. Das spirituelle Ego ist (vielleicht) das Letzte, eine Art Endgegner, aber es ist echt eines der hartnäckigsten.

Dazu kommt noch, dass gerade viele spirituelle »Influencer« erstaunlich fasziniert sind von dunklen Energien. Da heißt es immer, Energie folge der Aufmerksamkeit. Aber gerade hier werden viele dunkle Prozesse in der Welt beschworen. Das ergibt eigentlich gar keinen Sinn, denn entweder sind wir alle zusammen Schöpfer unserer Welt oder nicht. Dann sollten wir doch auch einen positiven Einfluss darauf haben. Aus Sicht des Egos bieten düstere Voraussagen und die eigene »tolle« Position darin natürlich die Chance auf enorme Aufmerksamkeitspakete.

Das Gleiche gilt natürlich nicht nur für den spirituellen Bereich, sondern auch für jedwede religiösen Aktivitäten. Gib Menschen Macht, und sie zeigen dir, wie weit sie sind. Gilt natürlich für uns alle. Macht hat man halt auch als Priester oder Meditationsleiter. Außerdem gilt es natürlich für die ganze Persönlichkeitsentwicklungsbranche. Beurteile Menschen danach, wie sie sich jenseits des Rampenlichts verhalten, wenn es nichts mehr zu gewinnen gibt. Beurteilen meint natürlich nur in dem Sinne, wie sehr sie dich weiterbringen können, nicht als allgemeine Bewertung.

Es gibt wieder einmal ein schönes Zen-Koan: Es ist wie ein Ochse, der durch ein Gitterfenster geht. Kopf, Hörner und vier Beine gehen durch. Warum kann sein Schwanz nicht auch durchgehen?

Nun, wie alle Koans gibt es wahrscheinlich unendliche Arten, dieses scheinbar paradoxe beziehungsweise kontraintuitive oder realitätsferne Gleichnis zu sehen. Ich finde, es ist auch ein schönes Bild für das Ego. Das meiste von dir kann transzendiert (also durch das Fenster gegangen) sein, dein Ego (der Schwanz) passt aber vielleicht immer noch nicht durch, selbst wenn der Teil eigentlich viel weniger Raum einnimmt.

Also, vertraue auf deine eigene innere Stimme! Spricht jemand nur von unbedingter Liebe, oder fühlt es sich auch so an? Gerade Menschen, die wenig Urvertrauen haben und nach Halt suchen, verheddern sich manchmal heftig in den Angeboten dieser Sparten. Manche werden regelrecht abhängig vom Kartenlegen und dergleichen. Das ist nicht der Weg. Du bist auf höchster Ebene selbst ein erhabener Meister. Wenn andere Menschen das in dir mehr erwecken können, großartig. Aber such nicht wieder woanders nach der Wahrheit. Sie ist in dir. Das ist auch der Weg nach 5D.

Wenn alle Kämpfe ausgefochten sind

Für eine 3D-Welt braucht es diese permanenten Grenzen, gegen die man ankämpfen kann. Ohne diese ständigen Beschränkungen hätten wir kein 3D, wie ich schon hinlänglich ausgeführt habe. Unser Ego liebt einfach diesen permanenten Kampf, dieses Sich-Auseinandersetzen. Es ist ein unvergleichlicher Ego-Push, für Unruhe gesorgt zu haben, Dramen und Skandale im Großen wie im Kleinen zu erzeugen. Es ist auch sehr befriedigend für das Ego, sich über andere aufzuregen, sie zu bewerten, die gute alte Zeit zu beschwören oder vehement den Neuanfang einzufordern. Das Problem ist nur: In vielen Lebensbereichen, insbesondere der Kunst zum Beispiel, ist quasi jeder Skandal bereits erzeugt worden. Jede Grenze ist gebrochen, ob nun in sinnvoller Weise oder nicht. Wenn es zum Beispiel schon Orgelstücke wie »639 Jahre« des amerikanischen Komponisten John Cage (1912–1992) gibt, die ewig andauern, oder Musikstücke, bei denen einfach fünf Minuten nichts mehr zu tun ist – »4:33«, ebenfalls von Cage –,[34] scheint wirklich bald alles ausgeschöpft zu sein.

Im Bereich Beziehung hängt scheinbar alles etwas hinterher, aber es wird sicherlich auch der Moment kommen, da jede Wunde angetriggert wurde, der Schmerzkörper auf jede erdenkliche Weise stimuliert ist und jedes sogenannte Tabu gebrochen wurde. In dem jede auch nur erdenkliche Beziehungsform, egal, wie schmerzhaft sie ist, mal ausprobiert wurde.

Im Hinblick auf *eine* Beziehung ist dies der Moment, in dem man beispielsweise dem Minuspol oder Narzissten einfach keine Aufmerksamkeit mehr schenkt und dieser auch keinen Ersatz hat. Egal, was er macht oder sagt, egal, welchen Knopf er oder sie zu drücken versucht – es gibt keine Aufmerksamkeit. Dann läuft das Ego quasi leer. Ohne ständigen neuen Treibstoff hat es keine Existenzberechtigung. Es bleibt einem nichts anderes übrig, als in sich zu schauen, die vertikale Ebene zu explorieren. Und das fühlt sich erst mal ziemlich leer an. Vielleicht sogar regelrecht gruselig. Wenn man seine Bewusstseinsschritte noch nicht durchlaufen hat, ist es unter Umständen geradezu nicht zum Aushalten. Das Gleiche gilt für Pluspole natürlich auch, wenn sie sich nicht durch neue Beziehungen oder obsessives Nachdenken über den Ex oder ein neues Date ablenken.

Aber auch gesamtgesellschaftlich kommen wir ganz langsam in diese Phase, die manche dann »Postmoderne« nennen. Eigentlich ist es aber eher eine »*Post*-Postmoderne«. Alles ist gesendet, alles ist beleuchtet, zu jedem Thema gibt es unzählige Berichte oder Medien mit jeder nur erdenklichen Meinung. Das wird jetzt eine hochspannende Zeit, in der es eben nichts wirklich Neues auf dem Kanal 3D mehr gibt! Also nichts Neues in dem Sinne, dass es etwas tatsächlich substanziell anderes wäre. Dann funktionieren die Reflexe nicht, und das Ego des Kollektivs bekommt einfach kein Futter mehr. Das wird sich sehr merkwürdig anfühlen, wenn man gegen null mehr wettern kann und es einfach keinen mehr vom Hocker haut, wenn man irgendetwas »Besonderes« macht.

Ich las beim Schreiben dieses Buches eine spannende Dokumentation, in der es darum ging, dass »die Liebeskomödie an sich« in der Krise sei. Allein schon dieses Thema ist echt zum Schießen. Die Liebeskomödie funktioniert ja nach dem Schema A trifft B, es sieht erst gut aus, aber dann gibt es Widerstände gegen die Liebe, die schließlich unter vielen Verwicklungen aufgelöst werden. Und endlich kommt das Paar zusammen. Nun, um das gut erzählen zu können, braucht es halt den Widerstand. Aber woher soll das heute noch kommen? Schwule Cowboys, Priester, die sich verlieben, hoher Altersunterschied, verschiedene Kulturen … das ist alles kein Schocker mehr. An diesen Problemen sieht man halt auch, dass die klassische Liebeskomödie nicht die Liebe an sich, sondern mehr das Ego-Moment hervorhebt.

Nun, falls man seine Hausaufgaben nicht gemacht hat, wird es jetzt auf unserer Welt ganz schön ungemütlich. Wenn man seine Meilensteine durchlaufen hat, ist man nun an Meilenstein 4 angekommen: der Wüste. Hört sich zwar auch nicht so schön an, ist aber kein Drama. Jesus ging ja auch in die Wüste – als Sinnbild dafür, dass man sich erst aller Ego-Momente entledigen muss, damit man wirklich frei wird. »In die Wüste zu gehen« war auch für viele Kulturen ein Teil des Erwachsenwerdens. Du gehst in die Wüste, die Ego-Wüste, um zu sehen, dass die Wüste im übertragenen Sinne keineswegs leer ist, sondern geradezu birst vor Leben, wie übrigens so ziemlich jeder Platz überhaupt auf dieser Erde und womöglich auch darüber hinaus. (Ich muss beim Schreiben an einen Urlaub im Heiligen Land denken. Ich war mit meiner Freundin in Jordanien, was ja heutzutage bekanntlich zum absolut größten Teil aus Wüste besteht. Es war nachgerade magisch. Das Tote Meer kann ja toter kaum sein, aber der Platz strotzt nur so vor magischer Energie.)

Wenn das Ego überwunden ist, kommt zwar scheinbar die große Leere, aber das ist auch ein Durchgang. Tatsächlich tritt dann die große Freiheit erst ein, wenn man Dinge nicht mehr nur macht, um die Aufmerksamkeit anderer zu erregen. Du kannst dann (wenn du beispielsweise Musiker bist) alles tun, du kannst etwas völlig Neues machen oder eben eine Fuge im Stile von Bach. Du kannst das machen, was du wirklich willst, ohne Grenzen brechen zu müssen oder auf Teufel komm raus innovativ sein zu müssen. Das ist doch supercool, oder? Wenn du an diesem Punkt bist, klopfst du zumindest für dich persönlich an die Tür der 5D-Energien, mit denen wir uns hier bald mal genauer beschäftigen wollen.

Noch ein Hinweis vorab: Vielleicht hast du ja gehört, dass im spirituellen Bereich teilweise davon ausgegangen wird, 5D komme einfach so beziehungsweise es gäbe einen »Shift«. Ich weiß das natürlich nicht, aber ich würde da ehrlich gesagt weder drauf setzen noch drauf warten! Das haben auch schon 2000 und 2012 viele Menschen gedacht, und da ist das Leben auch einfach weitergeflossen.

Kreiere dir deine eigene Blase, und zieh entsprechende Menschen an, das ist das Beste, was du tun kannst. Manchmal wird ja gesagt, es müssten nur soundso viele Menschen dies und jenes machen, gleichzeitig meditieren zum Beispiel. Hmmh, ich weiß nicht. Bisher sind ja wenige Dinge von heute auf morgen passiert. Ohne zynisch sein zu wollen: Wenn sich 5D aber so schnell ausbreiten würde wie das unselige Coronavirus, wäre das schon wünschenswert.

Die Matrix

Die »Matrix« ist weithin bekannt aus der gleichnamigen Science-Fiction-Filmreihe mit Keanu Reeves in der Hauptrolle. Die noch verbliebene Menschheit lebt ein virtuell erzeugtes Traumleben. Der Protagonist wird mit der blauen und der roten Pille vor die Wahl gestellt, ob er in diesem Traumland bleiben oder aufwachen will.

Der Film »Matrix«

In dem Science-Fiction-Film aus dem Jahr 1999 wird der Hacker Neo (gespielt von Keanu Reeves) in eine Untergrundbewegung eingeschleust. Von deren Anführer Morpheus (Laurence Fishburne) erfährt er, dass die Realität nicht das Jahr 1999, sondern eine postapokalyptische Welt des 23. Jahrhunderts ist. Morpheus erklärt Neo, dass die Welt, in der er zu leben glaubt, lediglich eine Simulation ist. Er und der Großteil der Menschheit sind gefangene Sklaven in einer computergenerierten Traumwelt, der »Matrix«.

Hinter der Matrix steckt eine künstliche Intelligenz, die einst von den Menschen erschaffen wurde und die sich plötzlich gegen die Menschheit gerichtet hat. Im Kampf hatten die Menschen den Himmel verdunkelt, um den Maschinen die Solarenergie zu nehmen, ihre wichtigste Energiequelle. Nach dem Sieg der Maschinen züchteten die Maschinen Menschen in Brutkästen, um sie als alternative Energiequelle zu nutzen. Den versklavten Menschen täuschten sie mithilfe einer interaktiven neuronalen Simulation, ebender Matrix, weiterhin vor, sie würden »normal« leben.

Allerdings konnten sich einige Menschen aus der virtuellen Welt befreien und leben im Untergrund. Diese Widerstandsgruppe um den Anführer Morpheus hat sich das Ziel gesetzt, den Auserwählten zu finden, der die Matrix zerstören und die Menschheit erlösen soll: Neo. Morpheus weiht Neo in die Wahrheit über die Matrix ein und befreit seinen Körper:

Morpheus zu Neo: »[…] Du bist hier, weil du etwas weißt, etwas, das du nicht erklären kannst, aber du fühlst es. Du fühlst es schon dein ganzes Leben lang, dass mit der Welt etwas nicht stimmt […]. Die Matrix ist allgegenwärtig, sie umgibt uns, selbst hier ist sie, in diesem Zimmer […]. Es ist eine Scheinwelt, die man dir vorgaukelt, um dich von der Wahrheit abzulenken [...]. Dass du ein Sklave bist, Neo. Du wurdest wie alle in die Sklaverei geboren und lebst in einem Gefängnis, das du weder anfassen noch riechen kannst. Ein Gefängnis für deinen Verstand [...]. Dies ist deine letzte Chance – danach gibt es kein Zurück. Schluckst du die blaue Kapsel, ist alles aus. Du wachst in deinem Bett auf und glaubst an das, was du glauben willst. Schluckst du die rote Kapsel, bleibst du im Wunderland, und ich führe dich in die tiefsten Tiefen des Kaninchenbaus [eine Anspielung auf ›Alice im Wunderland‹].« Neo greift nach der roten Kapsel. »Bedenke: Alles, was ich dir anbiete, ist die Wahrheit, nicht mehr.«

Neo schluckt die rote Kapsel.

Die Geschichte der Matrix wird unter anderem auch als eine Variante des Platon'schen (ca. 428–348 v. Chr.) Höhlengleichnisses gesehen, womit er seine Ideenlehre anschaulich machen wollte. In diesem Bild leben die Menschen in einer Höhle an Ketten gefesselt und blicken auf eine Felswand, hinter ihnen flackert ein Feuer. Auf der Felswand sehen sie nur die Schatten. Die Menschen halten diese Schattenbilder für die Wirklichkeit.

Und wenn einer der Gefangenen losgebunden würde, um aufzustehen, sich umzudrehen, zum Ausgang zu schauen und sich den Gegenständen zuzuwenden, deren Schatten er bisher beobachtet hat? Er wäre zu-

> nächst vom Licht geblendet und verwirrt. Er würde die nun erkannten Dinge als weniger real erachten als die bekannten Schatten. Nach einiger Zeit hielte er sie zwar für wahr, würde aber wieder zurück ins bequeme Dunkel wollen, weil das Feuer ihn blende. Zum weiteren Aufstieg in die obere Welt müsse man ihn also zwingen, bis er die Wirklichkeit erkennen und schätzen würde. Falls er in die Höhle zurückkehren sollte, um seine ehemaligen Mitgefangenen zu befreien, würden diese ihn verhöhnen und sich widersetzen, weil sie den Komfort der Höhle der Erkenntnis vorzögen.[35]

Diese Analogie ist seitdem gerade millionenfach zitiert worden. Im Bereich der Dating-Beratung für Männer gibt es inzwischen sogar die »Red-Pill«-Bewegung. Sie sieht die Matrix darin, dass dem Mann in Medien und Film ein Bild vorgegaukelt wird, das in der Realität überhaupt nicht funktioniert und Männer in eine schwache Position beim Dating bringt. In Grundzügen sehe ich einige Punkte durchaus ähnlich, wie wir ja schon in einem vorangegangenen Kapitel besprochen haben. Aber bei der »Red-Pill«-Bewegung geht es sehr weit ins Extreme und dann doch wieder sehr ins Ego, das ist ja nicht der Weg, den wir hier aufzeigen.

Auch im spirituellen Bereich wird viel von der Matrix gesprochen, wobei damit in der Regel generell unsere Dimension und ihre Beschränkungen gemeint sind. Oft hat dies aber auch eine irgendwie dunkle Konnotation: eine assoziative Bedeutung, als wenn mit unserer Dimension irgendetwas nicht stimmte. Was natürlich auch eine sehr verständliche menschliche Sichtweise ist, angesichts dessen, was hier so alles schiefläuft. Sofern man grundsätzlich offen ist für Religion – wenn auch nicht im offiziellen Sinne – oder Spiritualität, wird man annehmen, dass es jenseits unserer sinnlich erfahrbaren Welt und unserer Dimension noch etwas anderes gibt, von dem wir zwar nicht wirklich getrennt sind, das wir aber aus welchem Grund auch immer in unserem Bewusstsein nicht so präsent haben.

Um noch mal auf die negative Konnotation zurückzukommen. Nach der Vertreibung aus dem Paradies heißt es im Alten Testament: »Unter Schmerzen sollst du Kinder gebären« (1. Mose 3:16) und »Im Schweiße deines Angesichts sollst du dein Brot essen« (1. Mose 3:19). Ich weiß, aus heutiger Sicht klingt das eher sexistisch, aber wenn wir das mal abziehen, heißt es quasi: »Na dann mal viel Spaß in 3D mit dem ganzen Schmerz darin.« Es ist etwas extrem Negatives, es ist der große Sündenfall, und damit soll quasi jeder Mensch einen grundsätzlichen Makel haben, der durch die Taufe aufgelöst werden könne.

Nun ja, man kann die Symbolik aber auch ganz anders sehen: nämlich dass wir in diesem Moment im Paradies beim Apfelbaum die Freiheit bekommen haben. Der Mensch konnte vom Apfel kosten oder es lassen. Er hatte die Wahl! Jetzt könnte man sagen: »O Gott, falsch gewählt!« Was aber, wenn genau das der Plan war, dass wir hier ein spannendes

Experiment in der Freiheit leben, zu dem ebendiese scheinbare Trennung gehört? Dann wäre es immer noch eine Matrix, aber zumindest eine experimentelle. Das Experiment wäre dann: Wie ist das denn so, wenn wir getrennt sind? Wenn wir gegeneinander sind? Finden wir den Weg zurück zur Liebe?

Ich hatte ja versprochen, wir können uns die Themen dieses Buches auch ohne Glauben an höhere Mächte erschließen, daher möchte ich hier mal eine ganz andere Definition der Matrix vorschlagen, die unmittelbar erfahrbar ist: Die Matrix ist einfach, was das Ego aufspannt. Das, was ich »Matrix« nennen würde, entsteht in jedem Augenblick, in dem wir nicht authentisch sind, in dem wir etwas anderes zu sein vorgeben, als wir sind. In dem wir unsere liebevolle Wahrheit nicht sagen in Beziehungen, in dem wir nicht Nein sagen zu Dingen, die uns nicht gefallen. Aber auch wenn wir etwas nur tun, um »Likes« zu kriegen, reale oder virtuelle. Im Grunde genommen ist ein aufgepustetes Selbstliebe-Meme dann auch die Matrix, wenn es einfach nur zufälliger Content ist und man das Thema gar nicht selbst lebt. Es ist der Moment, in dem wir Liebe oder Selbstliebe mit dem Ego verwechseln. Dann wird das Produkt oder die Person für diesen Moment ein »Fake«, nicht ehrlich.

Auch wenn ich Ängste schüre, um mein vielleicht sogar durchaus als spirituell zu bezeichnendes »Produkt« zu verkaufen, kreiere ich die Matrix. Indem ich mal mein Alter falsch angebe und absurde Filter verwende auf Datingbörsen oder wenn ich nicht ehrlich bin beim Dating, bastle ich mit an der Matrix. Wenn wir das mal wieder auf die Gesellschaft zurückführen, dann sind viele Strukturen in unserem Leben oder auch die Politik tatsächlich oft die Matrix.

Diese Ego-Matrix, ja, sie scheint tatsächlich langsam, aber sicher immer mehr zusammenzubrechen. Ich meine beobachten zu können, dass Menschen immer weniger durchkommen mit ihren geschönten Storys, ihrer verborgenen Agenda oder deftigen Heimlichkeiten (lat. *agenda* [was zu tun ist]). Immer schneller werden Dinge aufgedeckt, egal, auf welche Ebene man schaut.

Auch Fremdgehen ist viel transparenter geworden in den letzten Jahrzehnten. Das ist ebenfalls ein Grund, die eigene Spielfläche sauber zu halten. Man fällt einfach immer schneller auf die Nase damit. In 3D konnte beziehungsweise kann man noch lange durchkommen mit Schall und Rauch, dies wird in Zukunft nicht mehr so funktionieren, weil alles immer durchschaubarer wird. Ich denke, das wird für viele Menschen oder vielleicht sogar die meisten noch unangenehme Überraschungen geben. Es werden nicht immer oder nicht nur bei den Menschen, auf die man stets zeigt, Dinge zusammenbrechen, sondern bei einem selbst auch. Das ist und wird sehr herausfordernd werden. Das ist aber schlicht ein notwendiger Prozess, damit etwas Neues entstehen kann.

Wenn wir das so sehen, ist die Matrix etwas, was wir alle auflösen können und dürfen. Und nicht etwas, bei dem wir nur auf andere zeigen, oder andere Strukturen, mit denen wir nichts zu tun zu haben vorgeben. Letzten Endes sind bewusst beendete toxische Beziehungen auch ein Teil der Matrix-Auflösung.

Aber noch mal: Wir müssen in uns selbst aufräumen! Und wir brauchen die Themen auch gar nicht zu suchen, das Leben schmeißt sie uns vor die Füße. Es geht einfach darum, ein Thema nach dem anderen auf seinem ganz persönlichen Weg abzuarbeiten. Genau in dem Rhythmus, in dem uns die Themen geschenkt werden. Es wäre viel gewonnen, wenn jeder erst mal bei sich selbst schaute und sein eigenes Leben etwas schleifte.

Die Auflösung dieser Ego-Matrix bedeutet auch den Einstieg in 5D-Energien, ob jetzt in kleinem oder größerem Maßstab. Es würde sicherlich deutlich mehr Spaß machen, wenn alle diesen Weg mehr oder weniger gleichzeitig, also simultan gingen, aber das wäre wohl etwas zu viel erwartet. Vielleicht gehörst du als Leserin oder Leser dieses Buches zu den Pionieren! Mach aber dennoch keine Ego-Sache daraus.

Möglicherweise denkst du, 5D bedeute, dass wir alle nur noch wie weichgespülte »Eso-Freaks« über der Erde schweben. Keine Sorge, das wird nicht so sein. Auf der Erde leben, irdische Beziehungen führen, das bleibt immer eine körperliche Erfahrung. Es wird auch künftig bedeuten, sich zuweilen mal die Finger schmutzig zu machen und sich durch den einen oder anderen Schlamm wühlen zu müssen. Es wird immer dieses abenteuerliche Erleben der Körperlichkeit sein. Wenn wir über hohe Liebesenergien sprechen, geht es nicht darum, irgendwie von hier flüchten zu wollen und als ätherische Flatterwesen durch die Gegend zu schwirren. Nein, wir wollten hier sein, scheinbar auch diese Transformation durchführen, und wir wollten die Körperlichkeit erleben. Das wird so bleiben.

Aber ich denke, man kann sagen, wir alle wollen, dass es friedlicher zugeht. Wir haben einfach keine Lust mehr, dieses Scheinleben des Egos zu führen. Wir können uns nur einfach nicht so richtig vorstellen, wie dieses neue Leben denn konkret aussehen wird.

Darum soll es im Folgenden gehen. Selbst wenn es sich energetisch schon aufgelöst hat, ist es immer noch wie eine alte Gewohnheit, in 3D-Zusammenhängen zu denken oder zu handeln. Sosehr wir das auch nicht mehr wollen, so beunruhigend ist es ebenso, alte Denkstrukturen komplett aufzugeben. In diesen fühlten wir uns immerhin heimisch, einfach nur, weil wir sie kennen, sie uns vertraut sind.

Sicherheit

Doch bevor wir nun endgültig in das Thema »5D« einsteigen, müssen wir aber noch einmal über Sicherheit reden. Ist dir schon mal aufgefallen beim bisherigen Lesen, dass es bei den ganzen Ego-Themen (natürlich auch den Inneren-Kind-Themen) oft um Sicherheit geht? Sicherheit, den anderen nicht zu verlieren. Sicherheit, den anderen unter Kontrolle zu halten. Sicherheit zu haben ganz allgemein, dass im Außen keine unliebsamen Sachen passieren. Nun, in dieser so heftigen Übergangsphase, in der wir uns gerade befinden, scheinen wir tatsächlich immer mehr diese Sicherheit zu verlieren.

Im Sommer 2021 gab es ja jene unglaublichen Unwetter. Normalerweise ist es doch so gewesen, dass, wenn wir von Unwettern hören, die uns hier in Mitteleuropa kaum betreffen. Hier gab es so gut wie keine Erdbeben, keine Taifune und Hurrikans – jedenfalls nicht in der Intensität, wie wir sie aus dem Fernsehen kennen. Auf einmal ist aber die Unsicherheit hier angekommen. Egal, wo du bist, gerade hier kann sich eine schlimme Gewitterzelle entladen, ein Tornado bilden, oder du wirst von zentimetergroßen Hagelkörnern getroffen. Für mich war es tatsächlich so, dass sich an einigen Orten, an denen ich mich normalerweise auch hätte aufhalten können, Unglücke ereigneten.

Man kann jetzt natürlich sagen, das Leben war immer gefährlich, und wer zum Beispiel am Autoverkehr teilnimmt, ist auch in einer permanenten Gefahr. Aber irgendwie sind diese Themen näher gerückt.

Auch in Beziehungen zeigt sich, dass ein übermäßiges vermeintliches Sicherheitsbedürfnis eher Ego und Mauern schafft. Wir sind dann in der Welt des Verstandes. Entweder wollen wir aus Verlustangst den anderen am liebsten anketten, oder wir ziehen die Zugbrücke unserer Burg hoch. Selbst wenn wir da einen Mittelweg finden, laufen wir Gefahr, das Feuer der Begegnung zu ersticken in dem Versuch, gesellschaftliche Normen zu erfüllen. Falls wir das auch geschafft haben, wartet immer noch unser Ego am Start, was uns auch oft die falschen Partner aussuchen lässt.

Wenn wir uns wirklich neuen Beziehungsformen und echter Liebe öffnen möchten, dann müssen wir raus aus dem Verstand. Raus aus unseren ganzen Mangelgefühlen. Raus aus dem Gefühl, nicht gut genug zu sein – oder raus aus dem Gefühl, immer gewinnen zu wollen. Das ist ja vielleicht alles noch recht eingängig. Aber vor allem müssen wir raus aus dem planenden, festhaltenden Ego. Wir müssen wieder lernen, mehr auf das Leben zu vertrauen, und – loszulassen. Loszulassen, wann der/die Richtige kommt, loszulassen, darüber nachzusinnen, wie lange eine Beziehung hält. Wir müssen unsere ganzen Konzepte loslassen. Tatsächlich haben wir trotzdem eine Art Navigationssystem, und zwar unsere Intuition (siehe mein zweites Buch *Vom Opfer zum Gestalter*).

Das Thema gehört auch noch in deine Übergangszeit, weil loslassen auch erst mal bedeutet, unter Umständen weniger zu haben. Weniger Freunde vielleicht, weil es einfach nicht mehr passt. Vielleicht mal Single zu sein, wenn du es selten warst. Oder aber das Singlesein loszulassen, wenn das bisher dein sicherer Hafen war. Dieses Loslassen schickt uns noch mal durch unsere Ängste, weil wir hier auch letztlich komplett die Kontrolle aufheben und uns dem Fluss des Lebens anvertrauen. Vielleicht denkst du: »Das mach ich doch eh schon längst.« Das dachte ich zumindest früher auch, aber ich durfte dann feststellen, es gibt noch viel mehr Ebenen des Loslassens, natürlich auch nicht nur im Beziehungsbereich. Je mehr du vertrauensvoll loslässt, desto mehr kann echter Frieden, quasi ein 5D-Frieden, in deine Seele einziehen. Vielleicht zunächst nur für kleine Momente – aber das kann schon ganz wunderbar sein. Genau genommen zieht dieser Frieden gar nicht ein, er war eigentlich immer schon da, doch wegen unseres ganzen Kämpfens und Anstrengens nicht wahrnehmbar.

Loslassen heißt übrigens nicht, dass ich mir nicht einen Partner oder eine Beziehungssituation wünschen darf oder dass ich mich mit dem zufriedengeben muss, was jetzt gerade da ist. Aber die wahre Fülle liegt jenseits unseres kontrollierenden Egos. Und wahrscheinlich wirst du auch feststellen, dass deine Wünsche sich nach und nach verändern und sich von äußeren Wünschen eher zu inneren Wünschen wandeln, dass du dir bestimmte innere emotionale Zustände wünschst. Aber noch mal, 5D bedeutet keineswegs, dass man ätherisch durchs Leben schwebt, du kannst, ja, du sollst die Freuden der Dualität und Körperlichkeit genießen. Loslassen bedeutet dann halt, dass man diese Dinge genießt, aber nicht so an ihnen anhaftet.

Im Übergang bedeutet Loslassen auch oft, dass du mit diesem »Wüsten-Meilenstein« beschäftigt bist. Es kann zwar sein, dass absolutes Loslassen direkt in eine Satori-Erfahrung führt (zum Beispiel bei absoluter Erschöpfung), aber das ist sehr selten. Meist ist es so, dass man quasi nackt 3D sieht, also die

Wahrnehmung des Getrenntseins von der Quelle. Man kann es sich schönreden, aber erst mal ist es echt bedrohlich, gerade wenn man aufgrund seiner Bindungsprägungen im Kindesalter ein Kontrollfreak geworden ist. Aber du hast trotzdem viel gewonnen, du handelst jetzt nämlich ohne Ablenkung, ohne Süchte, ohne Ego. Und dann scheint das Licht deines eigenen Bewusstseins auf die Wüste und kann sie zum Leben bringen.

Auch dieses Motiv nimmt der Film »Matrix« auf. Als Neo die Matrix verlassen hat und sich fragt, was denn nun die Realität ist, befindet er sich mit Morpheus in einer Felsenlandschaft und bekommt gesagt: »Willkommen in der Wüste der Wirklichkeit.« (Hier bricht die Analogie allerdings etwas, da keine schönere Realität erscheint.)

Ein weiteres gutes Beispiel für diesen Prozess ist eine Panikattacke, die man ohne jeglichen Widerstand durchlaufen lässt. Das ist unfassbar schwer, denn eigentlich kämpft man gegen dieses Gefühl heftig an. Als Belohnung bekommt man dann eine komplette Entspannung und Wohlgefühl, weil sich etwas wie ein dicker Knoten gelöst hat.

Durch dieses Loslassen kannst du auf einer viel tieferen Ebene Sicherheit gewinnen, und die ist dann wirklich beständig. Durch diesen Prozess schaffst du auch ganz neue Anziehungspunkte in deiner Ausstrahlung, die definitiv neue, sicherere Menschen in dein Leben bringen wird – auch wenn das in der Materie dann immer etwas dauert.

Eine äußere Sicherheit wird es in 5D-Beziehungen nicht mehr so geben. Eine innere ist dann aber viel mehr möglich.

Es ist »sicherlich« leicht zu verstehen, dass man dafür seine eigenen Dämonen der Verlust- und Bindungsangst ganz schön abgearbeitet und eingegrenzt haben sollte. Man kann sich dem natürlich verwehren, aber man wird sich keinen Gefallen damit tun! Diese Prozesse gehen an uns allen nicht vorbei. Je mehr man sich sperrt, umso mehr wird das Schmerzen aller Art bedeuten.

Die fünfte Dimension: Wo Liebe regiert

Da sind wir nun. Aber was ist dieses mysteriöse 5D denn eigentlich genau? Als ich darüber nachdachte, wie man es am besten erklären kann, kam ich zunächst auf den Begriff »Liebe ohne Ego«, also ohne die ichzentrierte Pseudoliebe. Das kommt dem auch schon ziemlich nahe. Es wäre eben die echte, unbedingte Liebe, die wir füreinander fühlen, ohne Manipulation aus Bedürftigkeiten und all die Spielchen, die das Ego so liebt. Es geht auf dieser Erde um den Aufstieg innerhalb der Körperlichkeit, das heißt aber auch, dass wir weiter in der Dualität sind, wenn auch in einer deutlich abgeschwächten Ausprägung. Unsere Körper haben sich in der Dualität gebildet, und auch wenn wir das manchmal vielleicht für einen Makel halten mögen, ist das etwas ganz Wunderbares. Die Erfahrung des Essens, der Bewegung und auch vor allem der körperlichen Liebe ist etwas, was es nur hier oder an vergleichbaren Orten gibt (wobei die Erde unvergleichlich ist!). Noch mal: Auf Seelenebene haben wir garantiert Schlange gestanden, um hierherzukommen. Wenn wir diese Körperlichkeit leben können ohne die Schatten der Trennung und des Egos – das wäre doch wirklich paradiesisch. Und das ist das Ziel.

Fiktive 5D-Welten

Die Göttliche Komödie

Schon der italienische Dichter und Philosoph Dante Alighieri (1265–1321) beschrieb diesen Ort in seinem Versepos *Die Göttliche Komödie (La Divina Commedia)*. Auf seiner fiktiven Reise durch die Reiche der jenseitigen Welt durchläuft er, der sich selbst zum Protagonisten oder Helden seines Epos macht, an der Seite des römischen Dichters Vergil (70–19 v. Chr.) zunächst die Kreise der Hölle *(Inferno)*. Dies könnte man auch als »3D« bezeichnen beziehungsweise die »dunkle Seite von 3D«. Er stellt die Hölle als spiralförmigen Trichter dar, der bis tief zum Erdmittelpunkt reicht. Dante gelangt schließlich zu Luzifer. In der christlichen Mythologie ist dies der von Gott abgefallene Engel. Aus spiritueller Sicht ist es der Beginn der Dualität, weil Luzifer aus der göttlichen Ordnung ausschert und damit das Experiment des freien Willens und der Dualität beginnt (sein Name heißt im Lateinischen wie gesagt »Lichtträger« oder »-bringer«: *lucifer*). Unterwegs begegnet er vielen seiner Zeitgenossen, Helden aus der Antike, Wissenschaftlern, Herrschern und so fort, die alle jeweils andere Strafen verbüßen.

Aus diesen Höllenkreisen gelangt Dante schließlich auf den terrassenförmigen Läuterungsberg, also nach der christlichen Terminologie im Fegefeuer *(Purgatio)*. Auch wenn die Beschreibungen sehr biblisch fundiert sind, kann man dieses »Ambiente« auch als einen Ort sehen, an dem wir uns gerade befinden. Diese Phase des Übergangs hat etwas von Läuterung, aber nicht in diesem schuldhaft-christlichen Sinne. Es ist mehr, dieses schlichte Bild sei der Anschaulichkeit halber erlaubt, wie wenn man ein Kind, das den ganzen Tag im Schlamm gespielt hat, mit dem Schlauch oder einer Gartendusche abspritzt.

Ich denke, wir wollen so manches mitnehmen auf unserem Weg, aber das Täter-Opfer-Drama reicht uns jetzt. Diese Welt und auch wir darin müssen uns aber reinigen, und das dauert seine Zeit. Wir können diese ganzen niedrigschwingenden Themen und Energien nicht mitnehmen in die fünfte Dimension. Dann wäre 5D ja nicht 5D. Ich befürchte auch, dass wir als Menschheit unseren Weg selbst finden müssen.

Ach ja, auch Dante kommt noch in den Himmel beziehungsweise ins Paradies *(Paradiso)*! Dort wird er allerdings nicht mehr von Vergil geleitet, sondern von seiner Muse Beatrice, die ihn schon faszinierte, als er noch ein neunjähriges Kind war … Vor der Schau der Himmelskreise traf er Beatrice als neue Begleiterin im »irdischen Paradies«. Das ist eigentlich exakt die Idee von 5D auf Erden.

Hier schließt sich übrigens auch ein Kreis in diesem Buch: Beatrice ist ja auch *das* Beispiel für eine entwickelte Anima bei Jung.

»Star Wars«

Kommen wir noch mal auf »Star Wars« zurück. Viele Menschen fasziniert die »Star-Wars«-Saga rund um den Kampf des Imperiums gegen die Rebellen oder kurz gesagt des Lichts gegen das Dunkel.

Es ist ähnlich wie mit Märchen, dass in solchen Geschichten vielleicht mehr Wahrheit steckt, als man denkt, und diese auch zum kollektiven Unbewussten im Jung'schen Sinne gehören.

Star Wars beschreibt tatsächlich eine andere Art 5D-Welt, in der die Magie ein täglicher Teil eines durchaus auch technisch hochentwickelten Lebens ist. Hier haben wir aber auch diesen scharfen Kampf zwischen Dunkel und Licht und das Geschenk sowie die Herausforderung des freien Willens in all seinen Varianten und Lebensmöglichkeiten.

In spirituellen Überlieferungen wird gesagt, dass es niemals einen Krieg ab der sechsten Dimension gab, aber bis zur fünften Dimension schon. In diesen Mythen wird davon ausgegangen, dass es an vielen Stellen in unserer Galaxis schon Wesen (in welcher Form auch immer) gegeben hat und es zu erheblichen Konflikten gekommen ist. Man nennt sie unter anderem die »Orion-Kriege«, und sie sollen aus dem kollektiven Unbewussten heraus die Vorlage für »Star Wars« sein.

Die Anderswelt

Eine weitere Idee für eine 5D-Welt kann die sogenannte Anderswelt vermitteln. Dies ist ein Begriff aus der keltischen Mythologie und beschreibt den mystischen Wohnort von Naturwesen wie Feen, Elfen, Zwergen und so fort. Diese Welt soll unmittelbar mit der uns sinnlich erfahrbaren Welt verwoben, aber doch scharf von ihr getrennt sein. Zugänge zu ihr bestünden jedoch, und die entsprechenden Portale seien an besonderen, eher schwer erreichbaren Orten in der Natur, zum Beispiel am Grund von Seen, in bestimmten Wäldern, auf Bergen et cetera.

Wie dem auch sei, vielleicht kennst du dieses Gefühl, durch einen abgelegenen Wald zu gehen, vielleicht im Harz, und obwohl du niemanden siehst, das Gefühl zu haben: »Uh, das ist aber echt belebt hier.«

Meine Kinder sind auf anthroposophische Schulen gegangen, das war mein erster Kontakt mit diesem Thema. Ich fand das erst völlig absurd, aber in vielen Ländern der Welt (zum Beispiel Island) findet man das überhaupt nicht so absurd. Und Kinder berichten gar nicht so selten von solchen Begegnungen.

Nun sei es, wie es sei, auf jeden Fall beschreibt auch die Magie der Anderswelt weitgehend eine 5D-Welt. Diese Welt beziehungsweise ihre Beschreibungen sind vielleicht schon näher dran an dem, worauf wir zugehen mögen. Ich hab zwar noch nie ein solches Naturwesen »gesehen«, spüre aber eine derart intensive Nähe dazu, dass ich das irgendwie nicht ignorieren kann.

Man sollte sich Naturwesen übrigens nicht als so kleine Schmetterlinge wie in Trickfilmen vorstellen, sondern als hochspirituelle, extrem machtvolle Wesen. Diese unterliegen auch der Dualität, aber sie sterben nicht wie wir – sagt man. Wir tun dies und kommen dann erfrischt wieder hier auf die Erde. Ohne diese Pausen mit Schlaf und Tod wäre die Dualität zu anstrengend für uns.

Worauf ich nun hinauswill: Wahrscheinlich ist 5D eine absolute Vereinfachung für einen fantastischen, unvorstellbaren Prozess. Und: Wir erschaffen uns unsere ganz eigene 5D-Welt. Die Entwicklung geht ja immer weiter, und es wird etwas völlig Neues sein.

Neutralität und Ursprünglichkeit

So, nach diesen kurzen Ausflügen wollen wir uns aber mal wieder auf das Hier und Jetzt konzentrieren. Wie gesagt, du brauchst kein spirituelles Interesse zu haben und kannst das soeben Beschriebene auch gern als Schnullibulli abtun. Du kannst einfach deinen eigenen hochschwingenden Impulsen nachgehen, dem, was dir Spaß macht, was sich gut anfühlt … und bist automatisch auf dem Weg, den deine Seele sich ausgesucht hat. Du kannst auch komplett atheistisch sein, der Weg ist immer der gleiche. Du arbeitest deine inneren Themen ab und wendest dich höheren Energien zu.

Es ist meiner Ansicht nach eine falsche Annahme zu denken, hohe Energien seien ausschließlich so *happy-go-lucky* – völlig unbeschwert. So eine Art permanenter »Rosamunde-Pilcher-Welt«. Natürlich sind die höchsten Energien immer in Richtung unbedingter Liebe und Freude. Wir denken bei diesen Worten aber sehr an menschliche Emotionen. Und diese haben halt jenes biochemische Grounding, das sie so besonders, aber halt auch recht speziell menschlich macht. Insbesondere 3D-Emotionen triefen von diesen ganzen Hormonen und Neurotransmittern. In 5D schauen wir quasi mehr von oben drauf (Meilenstein 5 und 6) und haben einen ganz anderen Blick auf Gut und Böse. Ich bin mir auch nicht hundertprozentig sicher, wie genau wir das betrachten werden, aber definitiv viel neutraler. Eben wie ein Flugschreiber in einem Flugzeug, der ganz nüchtern aufnimmt und registriert.

Wir werden sehen, dass es ohne die Möglichkeit zum Dunkeln keine Freiheit geben kann. Wir werden viel neutraler sehen, dass nicht immer die »anderen« die Blöden, sondern wir Teil vom Ganzen sind. Das heißt nicht, dass alles »egal« wäre. Es ist aber ein liebevoller Blick von einer höheren Warte, bei dem man Dinge in einem größeren Zusammenhang sieht. Es ist der Blick aus unserem höheren Selbst. Und der wird klarer sein, nicht mehr mit so chemischen, sondern wirklich höher schwingenden Emotionen.

»Ursprünglichkeit« ist bestimmt ein sehr überraschender Begriff in diesem Zusammenhang. Ich liebe ihn! Das muss ich mal gleich sagen. Nun, ich denke ja wie gesagt, wir sind hier alle in einem riesigen Experiment, um zu erfahren, wie es ist, unsere wahre Natur zu vergessen, und um uns dann in einem verrückten Prozess ganz langsam wieder zu erinnern. Insofern geht es in Richtung 5D um ein Stück Wiederaufstieg und damit einen großen Schritt weiter zu unserer Ursprünglichkeit.

Unsere Ursprünglichkeit ist natürlich Liebe, aber es ist auch dieses Unbekümmerte trotz unseres Seins mit schwierigen, leidvollen Erfahrungen, die uns haben Mauern aufbauen lassen. Es hat sicherlich viel mit dem freien, ungebundenen inneren Kind zu tun, wobei das nur ein Bild ist, weil das Kind natürlich auch etwas in erster Linie Menschliches ist. Es geht also um mehr, als einfach nur zurückzukehren. Denn wir haben diese wichtigen Erfahrungen in der Dualität gemacht und machen sie noch, dieses Wissen nehmen wir selbstredend mit.

Aber auch wenn du spirituell nicht so weit mitgehst: Ursprünglichkeit ist, wie wieder daheim in einem geheilten Zustand zu sein. Du kehrst zurück zu dir, zu deinem Vertrauen in dich selbst. Du reißt die Mauern ein und glaubst wieder an dich, jenseits der Glaubenssätze, die das Kollektiv dir aufgedrückt hat. Es ist also so viel mehr, als nur zurück zum inneren Kind zu kommen. Es ist, als wenn du erwachsen sein kannst und trotzdem dieses Freie, dieses Unschuldige wieder kultiviertest. Dieser unbändige Wunsch, zu leben und die verrückte Welt einfach nur angstfrei zu genießen.

5D bringt uns da ein großes Stück weiter. Fang jetzt schon an, deine innere Begeisterung wieder zu leben. Reiß andere mit! Sprudle über vor Lebensglück, sooft es geht. Dann bist du zumindest stundenweise im 5D-Modus!

5D-Liebe und die Gesetze der Dualität

Es ist den meisten Menschen, die sich mit Psychologie, Liebe oder Beziehungen befassen, klar, dass wir eigentlich die unbedingte Liebe wollen. Unbedingte Liebe ist die Liebe, die eben an keine Bedingungen geknüpft ist. Du liebst einen Menschen (oder ein Tier, eigentlich sogar einen Gegenstand) um seiner oder ihrer selbst willen – weil du ihn/sie/es eben liebst. Und nicht, weil damit bestimmte Gegenleistungen, Nutzen oder erwünschte Verhaltensweisen verbunden sind.

Dieses Konzept war auf der 3D-Ebene und auch noch in der vierten Dimension sehr tricky – und leider für sehr viele Menschen ein Einfallstor in toxische Beziehungen. Sie meinten, sie müssten bei einem bestimmten Menschen bleiben, obwohl er sie grottenschlecht behandelt und ausnutzt. Sie bleiben, weil sie in der Fantasie sind, dass ihre »Liebe« den anderen heilt, weil sie auf eine bessere Zukunft hoffen. Das haben wir im vorderen Teil dieses Buches ausführlich beschrieben.

Nun, erst mal ist diese Liebe gar nicht so bedingungslos, wie sie zu sein vorgibt. Ich weiß nicht, ob diese Pluspole bei ihren Minuspolen blieben, wenn sie sicher wüssten, dass aus dieser Liebe nie etwas werden wird. Es gäbe auch keinen Grund, die Fassung zu verlieren irgendwann, weil die Liebe ja so bedingungslos sein soll – angeblich. Außerdem wäre es aus Sicht dieser einen Liebe auch in Ordnung, wenn man mit der Person nicht zusammen ist, wenn es nicht zum Besten dieser Person ist. In toxischen Beziehungen *will* man den anderen aber haben – eben aus vielen Ego-Gründen.

Ist es jedoch möglich, auf 5D-Ebene Menschen in toxischen Beziehungen bedingungslos zu lieben? Ja, durchaus. Aber wiederum gilt: Erst mal sollte man vor allem sich selbst lieben, und das heißt ja, dass man realiter unter Umständen auf Distanz gehen und den Kontakt auf null herunterfahren sollte. Natürlich kann man den anderen auf Seelenebene weiter lieben und vielleicht auch eine enge Seelenverbindung spüren. Man kann ihm nur das Beste wünschen, aber trotzdem in sicherer Distanz bleiben und seiner Wege ziehen.

Kann man denn überhaupt Menschen bedingungslos lieben? Bei (kleinen) Kindern mag man sich das vielleicht noch vorstellen, aber geht es wirklich beim Partner, beim Kumpel, beim Nachbarn?

Auch in 5D ist es keineswegs gänzlich vorbei mit der Dualität. Das Ganze schwächt sich allerdings merklich ab. Wenn man gegen die im Folgenden beschriebenen Gesetze verstößt, gibt es keine »Strafe« von oben, man straft sich nur selbst, indem man sich das Leben unnötig erschwert. Das wäre, als würde man eine Schlitzschraube mit einem Kreuzschlitz-Schraubendreher zu bearbeiten versuchen.

Das Gesetz von der Freiheit

Wie wir ja gesehen haben, gibt es in der Dualität notwendigerweise die Freiheit. Wir brauchen diese in 5D, da wir bei keinem Menschen eingreifen können, ja nicht mal dürfen, um ihn dahin gehend zu manipulieren, welchen Weg er geht. Wenn er einen Weg geht, der nicht der unsere ist, müssen wir und er die Freiheit haben, einen anderen einzuschlagen.

Dennoch können wir ihn lieben. Jenseits der Dualität in noch höheren Dimensionen stellt sich diese Frage nicht. Jenseits der Dualität sind wir ja ganz in der Einheit und der Liebe, und da würden wir automatisch immer das machen, was für die Allgemeinheit das Beste ist. Dies wäre auf magische Weise automatisch auch das, was für uns selbst das Beste ist.

Das Gesetz vom Geben und Nehmen

Dieses Gesetz ist vielleicht das wichtigste für unsere Belange. In der Dualität ist es kritisch, einseitige beziehungsweise unausgeglichene Beziehungen zu führen, zumindest wenn beide Parteien einigermaßen auf Augenhöhe sind. Das betrifft vor allem Liebespartnerschaften und Freundschaften, was nicht heißt, dass in der fünften Dimension komplett aufgerechnet würde – das wäre dann doch wieder ziemlich 3D-mäßig. Aber ein gewisser Ausgleich muss stattfinden auf lange Sicht.

Wenn ich eine Liebesbeziehung führe, in der ich ständig über Gebühr beansprucht werde, dann ist das gegen dieses Gesetz. Natürlich kann ich den anderen auf eine unbedingte Art lieben (das sollte man aber wirklich für sich prüfen), doch man verletzt dann möglicherweise das Gebot der Selbstliebe (siehe oben), die ja absolut gleichwertig ist. Man könnte dieses Gesetz auch die »Gleichwertigkeit von Fremd- und Eigenliebe« nennen.

Das Gesetz der Selbstverantwortung

Vielleicht denken wir, wir wären so unheimlich festgelegt in unserem Leben und komplett fremdbestimmt. Auf einer gewissen Ebene kann man das auch gut verstehen, manchmal fühlt es sich einfach so an. Man kann aber auch sagen, uns wurde viel abgenommen bisher, wo wir nicht so viel drüber nachdenken mussten. Freiheit kann auch manchmal eine Art Last sein, die man tragen muss. Wenn du nur eine Marmeladensorte im Regal hast, kostet es keine Kraft, sich dafür oder dagegen zu entscheiden. Bei siebenundachtzig Marmeladensorten sieht das schon viel schwieriger aus. Das mag bei Konfitüren und dergleichen jetzt nicht tragisch sein. Aber wenn du eine wirklich ganz freie Entscheidung hast, mit wem du welche exakte Art von Beziehungen leben willst und welche Konsequenzen du dann dafür tragen darfst – dann ist das schon eine sehr gewichtige Entscheidung, die einem früher in 3D vielleicht schlicht und ergreifend abgenommen wurde, weil es viele Optionen einfach nicht gab.

Wenn jemand oder das Universum uns nun in der fünften Dimension die Freiheit über unser Leben gibt, müssen wir das auch händeln können. Das mag vielleicht einfach klingen. Aber wenn das »Händelnkönnen« auch impliziert, dass wir bestimmte Gedanken nicht mehr denken oder bestimmte Glaubenssätze ablegen, dann sieht man, dass dies gar nicht so einfach ist. Und wenn man sieht, was der Mensch so alles angerichtet hat – zu seinem und der Erde Nachteil oder gar Schaden –, dann denkt man eigentlich fast, der Mensch hatte bisher fast zu viel Freiheit …

Das Gesetz der Selbstverantwortlichkeit besagt nun, dass wir Richtung 5D die volle Verantwortung für jegliche Aspekte unseres Lebens übernehmen dürfen. Daraus folgt als allererste Handlung, sich nicht mehr als Opfer zu fühlen, ganz egal, was einem gerade passiert. Du meinst, du bist mit einem bösen Narzissten zusammen? Was hast du damit zu tun, und wie kannst du die Situation verantwortlich und selbstliebend lösen? Du fühlst dich diskriminiert als Mann, Frau, »Divers«? Wie kannst du mit diesen Gefühlen umgehen und aus einem scheinbaren Nachteil eine wertvolle Ressource machen? Du haderst mit deiner Kindheit? Sei dankbar, dass deine Eltern dir achtzehn Jahre zu essen gegeben haben und du dir jetzt dein naisgeiles Leben erschaffen darfst! Du bist krank? Welche Botschaft kannst du da rausziehen?

Wie gesagt, ich glaube keineswegs, dass wir jedes Ereignis, das uns hier begegnet, persönlich manifestiert haben. Aber wir stehen schon in einer gewissen Verantwortung für die Art, wie wir auf die Ereignisse reagieren.

Das Gesetz der Ehrlichkeit

Dieses Gesetz konnte man, scheint's, in 3D getrost verletzen. Ich würde nicht sagen, dass dann gar nichts passierte (siehe das nächste Gesetz von Ursache und Wirkung), aber sicherlich nicht im gleichen Moment und nicht immer. In 3D konnte man lange, lange mit so was durchkommen, Stichwort »Fake News« und »alternative Wahrheiten«, ich will da gar nicht näher drauf eingehen.

Richtung 5D hat man die absolute Freiheit, aber es passt energetisch nicht mehr, seine Handlungen unehrlich zu kaschieren als etwas anderes. Ich kann nicht erwarten, dauerhaft weiterzukommen, wenn ich nicht authentisch bin.

Das Gesetz von Ursache und Wirkung

Dieses Gesetz galt schon immer, auch in 3D. Man nennt es ebenso »Karma«. Es ist wiederum keine Bestrafung im üblichen Sinne, sondern einfach eine Konsequenz. Wenn ich beispielsweise permanent Menschen betrüge, bewege ich mich in der gleichen Energie, die dann auch wieder negativ auf mich zurückfällt.

Karma

Der Begriff heißt im Sanskrit wörtlich »Tat«. Unter »Karma« versteht man in der indischen Philosophie erstens eine geistige oder körperliche Handlung, zweitens die Konsequenz daraus, drittens die Summe aller Handlungen eines Menschen in dieser oder einer früheren Inkarnation und viertens die Kette von Ursache und Wirkung in moralischer Hinsicht.

Das gibt es in der fünften Dimension auch noch, aber wir sind aufgefordert, viel mehr Verantwortung zu übernehmen. 5D wird nämlich viel unmittelbarer sein. Die Wirkung folgt der Ursache auf dem Fuße, was es uns gewissermaßen immer »dümmer« erscheinen lässt, sich asozial zu verhalten.

Man wird sich so abgemüht haben, all das Karma aus 3D zu verbrennen, dass man echt nicht unbedingt neues generieren möchte. Es ist schlicht zu anstrengend, und man hat das Thema einfach durch.

Das Gesetz der Anziehung oder Resonanz

Dieses Gesetz der Anziehung oder Resonanz besagt, dass immer das irgendwo Richtige auf unserem Beziehungsweg kommt. Ähnlich dem Sprichwort »Wie du in den Wald rufst, so schallt es heraus« (lat. *resonare* [widerhallen, -schallen]). Es funktioniert also nach dem Prinzip der Analogie: Positive Gedanken und Einstellungen ziehen positive Ereignisse an, während negative Einstellungen Negatives anziehen.

Das heißt natürlich *nicht*, dass man, wenn wirklich schlimme Dinge passieren, das irgendwie manifestiert habe und selbst schuld sei oder so was. Es heißt nur: Wenn ich auch in der fünften Dimension beispielsweise immer noch einen Hang zu toxischen Beziehungen habe, gilt es da wohl nach wie vor, etwas aufzulösen. Um mehr geht es nicht. Es besagt, dass man nichts forcieren, erzwingen, nicht das Dreieckige ins Runde zu pressen versuchen soll.

Wenn wir all diese Gesetze und ihre »Befolgung« noch mal mit der Ego-Liebe aus der dritten Dimension vergleichen, sehen wir auch gleich den Unterschied. Das Ego möchte dem anderen keineswegs zugestehen, dass er seine ganz eigenen Entscheidungen fällt. Es möchte Macht und Kontrolle haben. Das Ego möchte auch nicht viel hören vom Geben und Nehmen. Am liebsten möchte es einfach nehmen, ohne viel zurückgeben zu müssen. Und von Selbstverantwortung will es schon mal gar nichts wissen. Es möchte lieber im ewigen Opfermodus den anderen alle Schuld zuschieben. Und mit der Ehrlichkeit? Na ja, schenken wir uns das hier …

Mit diesem Rüstzeug können wir uns jetzt mal daranmachen, 5D-Beziehungen in der Dualität genauer zu explorieren.

Echte Empathie als vermittelnder Faktor

Wie sollen sich denn nun diese neuen Verhaltensweisen vermitteln in der fünften Dimension?

Der vermittelnde Faktor wird eine weitgehende, echte Empathie sein, also ein echtes Mitgefühl, die Fähigkeit, sich in andere einfühlen zu können. Wenn wir uns wieder mehr erinnern werden, wer wir eigentlich sind, dass wir als Menschheit alle miteinander verbunden sind und jeder, der uns hier begegnet, einen direkten Bezug zu uns hat und eine Seite reflektiert, die wir bestimmt auch schon mal gelebt haben, dann sind wir in einem ganz neuen Spiel. Dann geht es nicht mehr um Trennung, sondern wieder viel mehr um eine Einheit, eine Einheit in der Vielfalt natürlich. Dann haben wir echte Diversität.

Aus dem Gefühl für diese Einheit *muss* geradezu Mitgefühl entstehen. Teilweise erleben wir diese Einheit ja schon, ob mit Kindern, Eltern oder auch Haustieren, mit denen wir zusammenleben. Dieses Verbundenheitsgefühl darf sich nach und nach ausdehnen auf die gesamte Erde.

Dies gelingt auf Gegenseitigkeit aber sicher erst nach einer ganzen Weile, wenn die überwiegende Zahl der Menschen auch mitspielt. Man kann natürlich jetzt schon die ganze Menschheit bedingungslos lieben, wenn die Überzahl aber noch im 3D-Modus ist, kommen wir wie gesagt um das Thema »Abgrenzung« einfach nicht herum, die bedingungslose Liebe kann da sein, spielt sich aber mehr dann im eigenen Herzen ab, als dass wir sie deutlich sichtbar vor uns hertrügen.

Empathie und Nahtoderfahrungen

Im Zusammenhang mit Herzstillständen beziehungsweise lebensbedrohlichen Erkrankungen machen erstaunlich viele Menschen eine sogenannte Nahtoderfahrung (NTE). Häufig nehmen sie wahr, dass sie ihren Körper verlassen, sich in einer Art Tunnel auf ein Licht zubewegen oder mit Lichtwesen kommunizieren. Auch die akademische Forschung beginnt sich zögernd dieses Themas anzunehmen.[36] In einer breit angelegten Umfrage konnte geschätzt werden, dass etwa 4 Prozent der Deutschen bereits eine Nahtoderfahrung hatten. Die NTEs haben durchaus unterschiedliche Inhalte und sind teilweise sehr komplex. Meist wird aber die hier beschriebene allumfassende bedingungslose (5D-) Liebe beschrieben, die einen ganz durchdringt.

Auch C. G. Jung hatte so eine Nahtoderfahrung:

»In Wirklichkeit ging es noch gute drei Wochen, bis ich mich entschließen konnte, wieder zu leben. [...] Es schien mir nämlich, als ob hinter dem Horizont des Kosmos eine dreidimensionale Welt künstlich aufgebaut worden sei, in der jeder Mensch für sich allein in einem Kistchen säße. [...]

Im Grunde genommen bin ich seither [...] nie mehr ganz vom Eindruck losgekommen, dass das ›Leben‹ ein Existenzausschnitt sei, welcher sich in einem hierfür bereitgestellten dreidimensionalen Weltsystem abspielt. [...] Nach der Krankheit begann eine fruchtbare Zeit der Arbeit für mich, Viele meiner Hauptwerke sind erst danach entstanden. [....] Ich versuchte nicht mehr, meine eigene Meinung durchzusetzen, sondern vertraute mich dem Strom der Gedanken an. So kam ein Problem nach dem anderen an mich heran und reifte zur Gestaltung.«[37]

Tatsächlich fühlt man sich in diesem Übergang meist sehr zu Hause und möchte an diesem Punkt oft gar nicht mehr zurück in den Körper, der auch als einengend erlebt wurde. Man sieht aber auch die Gründe oder den »Lebensplan«, der einen doch auf diese Welt geführt hat. So schön es da oben sein mag, scheinbar wollen wir immer wieder Abenteuer erleben.

Dieses Gefühl der allumfassenden Liebe nehmen viele auch mit, und sie verändert ihr Leben. In einer dieser Beschreibungen berichtete der Patient nach der Erfahrung, dass sein »Herz vor Liebe brenne«. So stelle ich mir eine echte, vollständige 5D-Empathie vor.

Warum wir keine Seelenpartnerschaften mehr brauchen

Eine der schwierigsten Diskussionen im Bereich toxischer oder – wie wir jetzt auch sagen können – karmischer Beziehungen verursacht fast symbiotische Dyaden, in denen man den Himmel auf Erden spüren mag, die zuweilen den größten Liebeskummer erzeugen, in denen durch den Schmerz aber auch Heilung bewirkt werden kann. Als Paartherapeut sehe ich das ganz besonders kritisch, da viele Menschen das intensive Gefühl in diesen Beziehungen für eine tiefe Seelenpartnerschaft halten und deshalb so eisern daran festhalten. Auch hier tobt sich die im Kern koabhängige Idee aus, dass ich nur genug »Liebe« hineingeben muss, dann wacht auch mein Partner auf und wird mir alles zurückgeben.

Nichts ist leider weiter von der Realität entfernt, egal, wie sehr wir das auch glauben mögen. Natürlich weiß niemand hundertprozentig, auf welche Weise man mit einem anderen Menschen genau verbunden ist. Ich persönlich glaube schon, dass wir auf Erden im Wesentlichen innerhalb unserer Seelenfamilie agieren, mit der wir durch die beschriebenen pränatalen Kontrakte verbunden sind. Aber welche Rolle diese Personen dann für uns spielen, ist halt recht unterschiedlich. Manche spielen nette Menschen, damit wir uns entspannen können. Manche böse Menschen, damit wir wachsen können. Niemals sollte man aber erlauben, schlecht behandelt zu werden, egal, wie sehr man denkt, es wäre ein Seelenpartner.

Kugelmenschen

Die Idee der Seelenpartner geht unter anderem auf die Platon'sche Fabel von den Kugelmenschen zurück.[38] Demnach waren die Menschen früher kugelförmig mit zwei Gesichtern und vier Armen und Beinen. Die Götter befürchteten jedoch, dass die Menschen ihnen ob ihrer Stärke zu ähnlich würden und ihnen nicht mehr die gebührende Verehrung zuteilwerden ließen.

So beschloss Zeus, sie zu schwächen, indem sie in zwei Teile gespalten und über die Erde verstreut werden sollten. Da sehnte sich jede Hälfte mit großem Verlangen nach der anderen. Die Götter erkannten, welch großes Leid sie unter die Menschen gebracht hatten,

> und gelobten reuevoll, dass sich zwei zusammengehörende Hälften erneut untrennbar vereinen dürften, wenn sie denn wieder zueinandergefunden hätten. Aus diesem Grund sucht dem Mythos zufolge jeder Mensch nach der zu ihm gehörenden Hälfte.

Diese Idee der Seelenpartnerschaften ist in der fünften Dimension einfach nicht mehr wichtig. Wir dürfen uns schlicht und ergreifend die Menschen aussuchen, mit denen wir gemeinsam höher schwingen können. Niemand braucht uns mehr jemanden »vorzusetzen«, mit dem wir dann lernen »müssen«. Wir dürfen (und sollten) diese Lektionen einfach beendet haben und Verantwortung für uns selbst üben. Das ist angewandte Selbstliebe, und das wird jetzt einfach gebraucht.

Wir sollten schlicht aufhören, immer wieder neue Gründe zu finden, die rechtfertigen, dass man in 3D bleibt. Wenn jemand erst mal nicht mitwill und weiter seine Spielchen treibt, dann lass ihn das machen. Wir können einfach nicht das Schicksal eines anderen Menschen bestimmen. Jeder hat den freien Willen. Und indem wir uns selbst weiterentwickeln, laden wir automatisch auch andere dazu ein.

Nichts fühlt sich schöner und kraftvoller an, als einen toxisch agierenden Menschen kommentarlos ganz und gar loszulassen. Nicht, um ihn irgendwie doch »rumzukriegen« oder als vermeintlichen »Seelenpartner« mit sich rumzuschleppen. Sondern einfach als eigene Befreiung. Wenn das alle machten, würden wir sicherlich ganz viele Menschen in ihre eigene Entwicklung bringen.

Und andersrum: Wenn dir ein Mensch, den du sehr liebst, auch wirklich guttut, dann erklär ihn doch zu deinem neuen Seelenpartner! So einfach ist das. Es wird in 5D nicht mehr »gegessen, was auf den Tisch kommt«, sondern du goutierst das Gala-Menü, das genau nach deinem Geschmack ist und das du selbst gewählt hast. Du kannst mit einem kompatiblen Partner hier und jetzt deine ganz heile und aktuelle Seelenpartnerschaft starten.

Die Liebe ist letztlich natürlich die fundamentalste Kraft, aber hier in der Dualität gibt es eben auch etwas ganz Besonderes: die Freiheit. Unsere Entwicklung Richtung 5D geht dahin, die Freiheit immer mehr zu leben. Ich sage ganz bewusst: *mehr* zu leben! Du hast diese Freiheit ja im Grunde längst.

Wesentlich ist allerdings, dass du alles wirklich aus der Fülle und trotz empathischer Haltung verantwortungsbewusst in deinem persönlichen Interesse tust und nicht aus einem Gefühl des Mangels heraus.

Die gelebte Freiheit ist so wichtig, nur so können wir der Kreativität freien Lauf lassen und uns beziehungsweise unsere Welt immer mehr zur Entfaltung bringen. Gib deine Freiheit nicht auf, damit nimmst du dir nur selbst die Kraft. Natürlich können wir auch in den 5D-Energien heiraten und dergleichen, aber egal, was du vielleicht mal einem vermeintlichen Seelenpartner gelobt hast, du bist und bleibst ein freier Mensch, der sich immer wieder neu erfinden darf. Die Zeit der großen Schwüre, aus denen man – aus vermeintlichen Sachzwängen oder was auch immer – nicht mehr herauskommt, ist vorbei.

Das Ende der »langweiligen« Beziehungen

An dieser Stelle sollten wir uns noch mal um die »zu langweiligen« Beziehungen kümmern. Wie schon gesagt sieht man hier das Ego nicht so direkt am Werk, aber dennoch regieren dabei oft heftige Ängste. Und wo Ängste sind, ist das Ego auch meist nicht weit entfernt. Leben aus dem Ego und der Trennung triggert überhaupt erst Angst. In diesen Verbindungen geht die Stoßrichtung aber mehr nach innen, in die der Selbstabwertung.

Es entstehen viele Ängste, einfach allein nicht klarzukommen. Es entsteht der Glaubenssatz, dass man froh sein sollte, überhaupt jemanden zu haben. Außerdem werden meist Forderungen und Glaubenssätze der Gesellschaft übernommen, die in großen Teilen immer noch hauptsächlich die lebenslange traditionelle Beziehung einseitig feiert.

Wenn man in seinen 5D-Entwicklungsprozessen ist, wird einem das immer absurder vorkommen. Man wird erst mal merken, dass die Gesellschaft mitnichten sich selbst an ihre Standards hält. Sobald man genauer hinschaut, gibt es nicht nur so viele Trennungen, es gibt halt auch fast noch mehr Illoyalität und Fremdgeherei in allen Schattierungen. Wenn man nun immer wacher wird, steht man vor einer spannenden Frage: Nutze ich auch diese 3D-Möglichkeiten, das Ganze zu lösen? Soll ich auch heimlich auf eine Partnerbörse? Machen doch eh alle, oder? Oder soll ich weiter die Zähne zusammenbeißen und brav diese Beziehung aushalten bis zum Tod? Nun, Letzteres geht »leider Gott sei Dank« ab einer gewissen Stufe des Erwachens auch nicht mehr, man weiß einfach, dass etwas still und heimlich zu ertragen niemandem was bringt und man sich davon mal so gar nichts kaufen kann. Man bekommt kein Bundesverdienstkreuz dafür, und wenn doch, was nützt es? Es macht das Leben nicht glücklicher.

Die einzige Lösung, die ernsthaft bleibt, ist, immer mehr wahrhaftig für sich einzustehen und klar zu sagen, was man denkt und erträumt. Deutlich zu kommunizieren, dass man so nicht weitermachen möchte. Eindeutig seine Wünsche zu äußern, egal, wie abenteuerlich die in den Augen anderer auch sein mögen. Und dann mal einfach zu schauen, was passiert. Vielleicht fällt die Beziehung auseinander, aber es muss ja nicht sein. Auf jeden Fall entstehen erst mal Bewegung, Frische, Dynamik. Erst mit diesem Risiko, mit dieser gelebten Freiheit, mit diesem gelebten 5D-Bewusstsein kann auch eine langweilige Beziehung wieder richtig Feuer bekommen. Vielleicht nicht für immer, aber zumindest für eine Weile oder einen Moment. Und was gibt es letztlich anderes als Momente? Doch es kann durchaus auch lang anhaltend sein, wenn wir in diesem neuen Mindset bleiben. Es ist ein komplettes Eintauchen in den Moment.

Wichtig ist wie gesagt immer, das Ego außen vor zu lassen. Auch das Ego beendet bestimmt oft Beziehungen, aber das wäre zu kurz gegriffen. Dann kommt man vom Regen in die Traufe. Natürlich kann ich meine Frau für die sprichwörtliche Sekretärin verlassen (oder meinen Mann für den Sekretär), aber wenn das vom Ego ausgeht, werde ich vermutlich nicht glücklich damit werden.

Monogame 5D-Beziehungen

Beim Thema »Monogamie« könnte man ja auf den ersten Blick meinen, das habe in der fünften Dimension keinen Platz mehr, weil jeder total seine Freiheit lebe. Solche Überlegungen sind ja auch nicht völlig abwegig, aber sie berücksichtigen wieder nicht die Regeln der Dualität, in der wir nach wie vor sind, wenn auch in abgeschwächter Form. Würden wir als Orbs – du kennst sicher diese diffus erscheinenden »Geisterflecke« beispielsweise auf Fotos – irgendwo im Universum herumschweben, gäbe es wohl kein Problem mit absoluter Freiheit, und man könnte machen, was man will. Hier im menschlichen Körper gilt es jedoch, die Gesetze der Dualität zu beachten, und dann wird das Bild schon etwas komplizierter. Natürlich darf man seine Freiheiten leben und soll das auch, aber es gibt trotzdem Gründe, warum monogame Beziehungen nach wie vor ihren Platz in 5D haben. Auch wenn es vielleicht ein Platz unter vielen sein mag.

Was macht denn überhaupt eine 5D-monogame Beziehung aus? Nun, es ist auf jeden Fall kein Oldie-Modell, die wenigsten solcher Beziehungen waren bisher im 5D-Modus, sondern wurden stattdessen von den bereits beschriebenen Ego-Mechanismen dominiert. Eine solche 5D-Liebe bedeutet, dass man sich absolute Freiheit lässt – bis eben an die Grenze, die vereinbart worden ist. Ab wann die Grenze zur Illoyalität erreicht ist, wird völlig frei und einvernehmlich definiert, es wird akzeptiert, dass man hier einen ganz eigenen Weg gehen darf und sich nicht an gesellschaftliche Konventionen halten muss. Die Fremdgeh-Grenze kann auch relativ »spät« liegen und sich zum Beispiel nur auf Sex beziehen, und davor ist alles erlaubt. Oder auch extrem streng … es ist einfach eine völlig freie Entscheidung.

Diese freie Entscheidung kann man erst treffen, wenn man sich wirklich locker gemacht hat, was eigene Bedürftigkeiten, Inneres-Kind- und Ego-Themen angeht. Vorher ist man doch sehr in Gefahr, alte Glaubenssätze zu reproduzieren.

Unterhalb dieser definierten Grenze der Beziehung, die auch wie eine Zellwand nach außen wirkt, wird beiden Partnern völlige Freiheit ihrer Ausdrucksweisen gestattet. Dies bezieht auch Fragen mit ein, wie oft man sich sieht, Sex hat et cetera. Es gibt dort kein Falsch oder Richtig, dafür aber die komplette Übernahme der Verantwortung für das eigene Verhalten. Wenn man sich gar nicht mehr um den Partner bemühte, würde das dann halt zum Ende der Beziehung führen. Aber niemand würde beleidigt oder sonst wie angemacht ob seines Verhaltens.

Die Basis dafür ist absolute Offenheit. Alle beziehungsrelevanten Informationen werden dem Partner ganz unverblümt gegeben. Dies geht natürlich nur, wenn man keine Angst hat vor den Konsequenzen. Es geht nur, wenn du ganz und gar in der Selbstliebe bist. Da die Angst nicht mehr da ist und wir unser Ego im Blick haben, verschonen wir unseren Partner von geheimen Lügen. Wir verschonen ihn aber nicht vor unseren eigenen Wünschen und Gedanken und muten uns ihm voll zu.

Niemand ist perfekt, und keine menschliche Liebe ist perfekt. Soll es auch gar nicht sein. Aber in 5D-monogamen Dyaden können wir immer neue Tiefen der Selbstannahme und der Annahme des Partners erforschen und echte *partner in crime* werden. Wir können wirklich die vertikale Ebene, die Tiefe einer Beziehung, erkunden und leben.

Natürlich gibt es ein Commitment zum Partner, aber es gibt keinen Schwur. Wenn wir die Beziehung auflösen oder die Form ändern möchten, können wir das jederzeit tun. Vielleicht ist es, »bis dass der Tod uns scheidet«, oder nur sechs Monate. Es spielt keine Rolle. Nur das Jetzt zählt.

Monogame Beziehungen schaffen einen klaren Rahmen und erleichtern es, die Gesetze der Dualität einzuhalten. Sie sind jetzt aber keineswegs besser als andere Beziehungsformen, das muss man ganz klar sagen. Schlechter jedoch auch nicht. In 5D kannst du auch siebzig Jahre als Schmetterling von einer Blume zur anderen fliegen, und es ist trotzdem alles gut. Es ist eine Entscheidung der Seele, in die Tiefe zu gehen, und nicht in die Breite. Monogame Beziehungen in 5D sind auch eine Reflexion des Wunschs nach Stabilität, um Kraft zu haben für andere Lebensbereiche, in denen man vielleicht große Pläne hat.

Wirklich neue Beziehungsformen in der fünften Dimension

Jetzt sind wir an dem Punkt, an dem wir uns wieder den neuen Beziehungsformen widmen können. Tatsächlich wird es in der fünften Dimension wie gesagt eine sehr große Freiheit geben, seine eigene persönliche Seele in Beziehungen auszuleben. Die Betonung liegt auf der *Seele* und eben nicht auf dem *Ego*.

Offene Beziehungen

Offene Beziehungen sind in der fünften Dimension noch mehr eine Erweiterung monogamer Beziehungen, wobei einfach die Fremdgehtoleranzgrenze weiter nach außen geschoben wird. Man kann in 5D-Energien viel leichter offene Beziehungen leben, weil man sie nicht mehr aus den falschen Gründen startet (zum Beispiel, um es dem Partner recht zu machen oder ihn zu dominieren). Aber natürlich gilt wieder hier das Gesetz der Ehrlichkeit, es ist wie in monogamen Dyaden zu kommunizieren, wenn man Grenzen halt überschreitet. Dieses ganze Drama, das es in heutigen offenen Beziehungen noch gibt, wird entsprechend wegfallen.

Manche sagen, offene Beziehungen seien in 5D die Norm. Ich bin mir da nicht so sicher. Wenn das Ego sich zurückzieht und unsere Drama-Abhängigkeit sich löst, wir mehr in der Fülle leben, Dinge nicht mehr den Reiz des Verbotenen haben – nun, dann gibt es vielleicht gar nicht mehr so den Wunsch nach diesen experimentellen Kisten. Einzig: Es wird nichts Amoralisches mehr sein. Ich könnte mir vorstellen, dass es durchaus noch viele monogame Beziehungen gibt, diese aber viel eher aufgelöst werden, wenn die Wünsche sich halt ändern.

Teilgeöffnete Beziehungen

Es wird sicherlich viele neue Beziehungen geben (oder alte, die sich weiterentwickeln), bei denen gewissermaßen »angebaut« wird. Ein Paar ist vielleicht viele, viele Jahre zusammen, und man möchte aber doch möglicherweise offen irgendeinem Außenkontakt nachgehen. Dazu ist natürlich niemand verpflichtet, weder das zu tun noch das mitzumachen. Aber man muss auch wirklich nicht mehr unendlich immer die gleiche monogame Beziehung führen – nur aus überkommenen Vorstellungen gesellschaftlicher Verpflichtung.

Tantra

Das Wort heißt im Sanskrit wörtlich »Gewebe, Zusammenhang, Kontinuum«. Als »Tantrismus« werden verschiedene Strömungen in der indischen Philosophie bezeichnet. Kennzeichnend ist die Verehrung einer weiblichen Gottheit, wobei Sinnlichkeit mit Spiritualität verbunden ist.

In der westlichen Welt wird Tantra hauptsächlich auf sexuelle Gesichtspunkte verkürzt, wobei diese im klassischen Tantra nicht zentral sind. Als »Neotantra« bezeichnete Seminare bieten hierzulande hinduistische respektive buddhistische Inhalte zwecks Optimierung der Orgasmusfähigkeit und zur sexuell-spirituellen »Wellness« an.

Das »Anbauen« kann natürlich auch andere Formen annehmen. Vielleicht macht man gemeinsam mit dem bestehenden Partner irgendwelche spannenden Erfahrungen als Paar, oder man geht zu einem Tantra-Workshop. Das spielt nur eine Rolle für das jeweilige Paar. Man muss einfach nicht mehr dem Mainstream folgen, aber man darf es natürlich!

Wenn man überglücklich ist mit *einem* Partner – was für eine wunderbare Erfahrung!

Ethische Polyamorie

Polyamorie gilt als sehr modern, ist aber auch sehr gefährlich für bindungsverletzte Menschen. Ich sage immer wieder und wiederhole es auch in diesem Buch: Wer keine Zweierbeziehungen beherrscht, sollte keine Dreierbeziehung führen. Und man sollte es natürlich nicht machen, nur weil es in bestimmten Subkulturen vielleicht hip ist. Aber natürlich steht uns dieser Weg auch frei in der Freiheit.

Wichtig sind natürlich auch hier die Gesetze der Dualität. Also ist es auch in einer Dreierbeziehung wichtig, dass sich jeder entsprechend einbringt und dass Ehrlichkeit über die Motive besteht.

Ethische Affären

Viele in meiner Community zucken bei dem Begriff »Affäre« regelrecht zusammen. Das ist nur zu verständlich. Sie haben womöglich so sehr gelitten in Geheimbeziehungen, »Krümel«-Beziehungen (in denen es keinen Kuchen gibt, sondern nur Krümel füreinander übrig bleiben), oder sie sind hingehalten worden. Dabei ist es wichtig, nicht nur *ein*

Partner-Bashing zu betreiben. Man war ja selbst auch Teil davon und ist nicht rausgegangen aus der Kiste.

Das Problem hier sind vor allem die Heimlichkeit und der manipulative Teil von 3D-Affären. Diese führen in einem hohen Maße zu der Toxik und auch dem »Thrill«- und »Drama«-Gefühl. Der zweite Teil der Toxik von Affären ist natürlich auch, dass man mit einem hungrigen inneren Kind nicht unbedingt in begrenzte Affären gehen sollte mit Menschen, nach denen man eine große Sehnsucht empfindet.

Trotzdem ist – wie so oft – nicht die Affäre an sich toxisch. Wenn ich mich mit mir ganz fühle und mit mir im Reinen bin, kann ich durchaus ganz offen sagen, ich hätte gern mal wieder Sex, möchte aber keine Beziehung. Daran ist nichts falsch, wenn ich das klar und offen kommuniziere. Wie gesagt, es geht darum, Verantwortung zu übernehmen für *sich*, und das von beiden Seiten und in Ehrlichkeit. Wenn ich – sorry – keinen Bock auf Beziehungen habe, muss ich mich nicht dazu zwingen. Ich muss auch nicht die ganze Zeit überlegen, ob das meinem Affären-Partner guttut. Das ist nicht 5D, ständig andere retten oder gar belehren zu wollen.

Halten wir fest: Was in 5D überhaupt nicht geht, sind Affären, bei denen eine dritte involvierte Person darüber im Unklaren gelassen wird.

Mischformen zwischen Freundschaften und Beziehungen

Wenn aus einer Liebesbeziehung leichter eine Freundschaft wird und eine Beziehung vielleicht teilgeöffnet wird, kann man sich natürlich auch gut Mischformen zwischen Beziehungen und Freundschaften vorstellen. Wir werden sehen, wie sich das genau darstellt.

Heute gibt es ja schon den »Mingle«: eine Kombination aus den englischen Wörtern *mixed* und *Single*, was bedeutet, dass man »offiziell« Single ist, aber gleichzeitig zeitweise einen beziehungsaffinen Zustand lebt. Das geht vielleicht auch etwas in die Richtung. Aber ich bin sicher, da wird es noch viel geben, was man sich jetzt vielleicht gar nicht vorstellen kann. Auch hier ist die Voraussetzung, dass man eher in der Fülle ist und Klarheit herrscht.

Beziehungen haben nicht mehr diese Vorrangstellung

In 3D-Zeiten haben Beziehungen noch diese absolute Vorrangstellung. Viele Menschen können sich nicht vorstellen, ohne eine romantische Beziehung glücklich zu sein. Und falls sie dann eine haben, sind sie nur »zufrieden«, wenn die Beziehung voll unerfüllter Sehnsüchte und toxischer Chemie ist.

Verläuft die Beziehung »ganz normal«, wird das oft gar nicht so geschätzt. Und nicht vorhandene Beziehungen aus dem Land der Fantasie werden dabei unnötig überhöht. Richtung 5D zählen viel mehr Begegnungen. Egal, ob zwischen einem Liebespaar, auf der Straße, zwischen Freunden, egal, wie alt, egal, welches Geschlecht. Die Seelenbegegnung macht's!

Ein Hoch auf die romantische Liebe!

Vielleicht könnte man meinen, für die romantische Beziehung wäre in Richtung fünfter Dimension wenig Platz. Das ist keineswegs der Fall. 5D wird echte Liebe und körperliche irdische Liebe vereinen – eigentlich genau das, was wir uns immer versprochen, aber eigentlich nie gefunden haben.

Ich würde hier gern auch mal den Kreis schließen und kurz zurück ausholen zu den toxischen Beziehungen. Ja, sie sind Ergebnisse von Fantasien, und ihre Realität ist viel schlimmer, als wir sehen wollen. Aber die Fantasien, die wir in diesen Beziehungen haben, ganz isoliert betrachtet, sind durchaus Abbilder dessen, was in positiver Weise tief in uns verankert ist. Ich würde nicht unbedingt sagen, diese Fantasien haben auch 5D-Energien, weil in 5D kein wirklicher Platz für Süchte ist und toxische Beziehungen eben Suchtbeziehungen sind.

Es gibt keinen Grund, gar keinen Grund, das Verlieben nicht zu genießen und sich voll da reinzustürzen. Es hat dann nur nicht mehr dieses Verzweifelte, dieses Blinde, als wenn das Verlieben uns ein Ersatz wäre. Vielleicht ist es manchmal etwas realistischer, aber das muss es nicht weniger schön machen.

Dadurch, dass 5D mit klaren Grenzen oder, wie ich sage, Standards und Dealbreakern (Ausschlusskriterien) einhergeht, garniert mit einem Primat der Selbstliebe, wird man sich nicht mehr so verstricken können wie bisher. Wenn wir wirklich mal ganz in 5D ankommen, wann auch immer das sein wird, ist mein Job überflüssig geworden. Paartherapeuten braucht es dann wohl nicht mehr. Aber wenn das Ego zurücktritt, werden wir ganz viele Berufe nicht mehr brauchen. Das wird zahlreiche Ressourcen freisetzen.

Die romantische Beziehung kommt derzeit etwas schlecht weg. Sie wird als zu schwierig, zu *old school*, zu sehr als Produkt der einschlägigen Medien verschrien. Dem ist nicht so. Natürlich ist sie nicht höherwertig als andere Beziehungen oder Beziehungsformen, aber sie ist real, und sie liefert ihre ganz eigene, wunderbare Schwingungssignatur.

Doch – das sollte man auch ganz klar sagen – sie wird entrümpelt werden müssen von der 3D-Last, also von Eifersüchteleien, Heimlichkeiten und falschen Erwartungen an sie. Das Markenzeichen von 5D ist nicht nur Ehrlichkeit und Selbstverantwortung, sondern auch absolute Freiheit. Niemand muss diese Beziehungen eingehen, aber man darf! Und sie halten so lange, wie sie eben halten. Wenn sie nur ein Jahr dauern, macht es sie nicht weniger romantisch als lebenslange Zweisamkeit.

Wir werden uns lösen müssen von der Vorstellung, dass romantische Beziehungen grundsätzlich lange dauern müssen und nur zwischen zwei Menschen bestehen dürfen. Sie können kurz sein und natürlich auch mehrere betreffen. Dann ist es wieder eher eine Fokussierung auf Breite als auf Tiefe. Wir werden aufgefordert zu entscheiden, was wir leben wollen. Dass man das eine offen lebt (Beziehung) und das andere heimlich (Affären), das wird da nicht mehr hineinpassen.

Das Spiel mit weiblichen und männlichen Energien

Während ich dieses Buch schreibe, birst die Gender-Welt gerade richtig aus den Fugen. Erst gab es neben »männlich« und »weiblich« ja nur »divers«, aber aus »divers« ist inzwischen ein buntes Potpourri geworden aus allen möglichen Begriffen wie »pansexuell«, »genderfluid«, »nonbinär« und, und, und. Ich finde das schwierig, da das Ego, das Besonders-sein-Wollen, da an vielen Punkten herausfließt.

Ich sehe das wegen der Ego-Beteiligung immer etwas kritisch, aber grundsätzlich ist dieses völlig freie Spiel mit männlichen und weiblichen Energien etwas Gutes und auch eine *Vorbereitung* auf 5D. Unser Universum ist auf dieser Dualität zwischen Yin und Yang aufgebaut, und das ist etwas Wunderbares. Jede Gleichmacherei, die diese Energien partout in einen Topf schmeißen will, passt da nicht hinein. Richtig ist aber, dass wir in der fünften Dimension natürlich jede Freiheit haben, uns auszudrücken, wie wir's halt wollen. Es wird dann aber kein Ego-Thema mehr sein. Lesbische, pansexuelle oder nonbinäre Beziehungen werden nicht *besonderer* oder *cooler* als heterosexuelle sein. Wir dürfen das leben, was unserer aktuellen Seelennatur am nächsten kommt, und werden aber auch unsere genetische Struktur und unsere Erziehungsbedingungen konstruktiv mit einbeziehen.

Ich denke, in der 5D-Energie werden auch alle Wunden weitgehend geheilt sein, die aus Verwirrungen rund um die Geschlechtszuordnung entstanden sind, und es wird einfach ein respektvolles Miteinander sein. Wir werden zwar, egal, was wir sind, nichts Besonderes im Sinne von »außergewöhnlich« oder »exklusiv« sein. Vielmehr sind jeder und jede *grundsätzlich* »etwas ganz Besonderes«. Da 5D immer noch in einer sanften Dualität agiert, werden wir die Unterschiedlichkeit aber feiern und leben wollen. Es wird nicht mehr versucht werden, alles glattzuziehen und jedweden Unterschied auf Teufel komm raus zu eliminieren.

Trennungen in der fünften Dimension

Natürlich gibt es auch Trennungen im 5D-Bewusstsein, aber die vollziehen sich nun wirklich ganz anders als bisher üblich beziehungsweise in der 3D-Welt. Man kann sich frei entscheiden, bestimmte Verbindungsformen mit einem Menschen nicht mehr zu leben, und das ganz klar kommunizieren. Wenn beide Partner aber in einer gewissen Fülle und Verbundenheit an ihrer Quelle sind, dann wird es sie nicht so heftig aus der Bahn werfen, wie es häufig bisher geschieht. Und wenn man sein Ego im Griff hat und nicht so leicht von der Leine lässt, wird man nicht mehr so aus der Kränkung heraus reagieren und den anderen mit in den Abgrund reißen wollen.

Trennungen werden daher viel ruhiger und leichter ablaufen. Oft werden vollständige Trennungen auch gar nicht nötig sein, weil man vielleicht noch weiter befreundet bleiben möchte (siehe oben). Was in 3D in liebessüchtigen Mangelbeziehungen extrem toxisch sein kann, mag hier durchaus sinnvoll und erfüllend sein. Alle Arten von Rosenkriegen, Schmutzkampagnen und Bestrafungsaktionen des Expartners ergeben dann einfach keinen Sinn mehr.

Ich glaube, es würde unserem Leben wirklich mehr Tiefe geben, wenn wir auch mit Expartnern in Kontakt bleiben könnten und sie nicht hassen »müssten«. Sollten wir sie »hassen«, müssen wir den Teil in uns, der sie geliebt hat, quasi abspalten. Und das fühlt sich eigentlich nie gut an!

Das heißt allerdings keinesfalls, dass Trennungen an der Tagesordnung wären. Wenn wir wirklich eine befreite Liebe leben können, wird es weniger Trotz und Reaktanz geben, und viele Gründe zum »Fremdlieben« entfallen damit einfach.

Wenn wir mehr unsere Verbindung zu allem spüren können, hört natürlich auch dieses bohrende Einsamkeitsgefühl immer mehr auf, und Trennung ist nicht mehr als extrem bedrohliche Sache wahrnehmbar. Das wird ganz viel Leid aus der Dynamik nehmen. Es ist genug da, für alle.

5D-Beziehungen und Freundschaften

Wir reden so oft über Liebesprobleme, aber wenn man einen ungünstig programmierten Liebeschip hat, zeigt sich das halt überall. Falls du bisher zum Beispiel dazu neigtest, immer etwas draufzuzahlen in Beziehungen und derjenige zu sein, der unverhältnismäßig mehr gibt, als er empfängt – also schon so, dass es echt kontraproduktiv ist –, dann wird sich das in deinen Freundschaften in der Regel auch gezeigt haben. Vielleicht hast du nur Freunde gehabt, die auf befremdliche Weise – mehr oder weniger subtil – illoyal waren oder sich nicht viel Mühe gaben in eurem Kontakt.

3D-Freundschaften sind ebenfalls wie in Beziehungen diejenigen, die hauptsächlich auf dem Ego beruhen. Also vor allem die, bei denen man sich irgendwelche Vorteile erhofft durch die Freundschaft. Ich muss beispielsweise daran denken, wie viele Menschen in der Schule eines meiner Kinder zu mir Kontakt suchten, als ich Elternsprecher war – und wie plötzlich das vorbei war, als ich den »Job« nicht mehr hatte. Da fallen sicherlich jedem noch viel mehr Beispiele ein. Es sind die gleichen Mechanismen und die gleiche Unbewusstheit, wie ich sie bei der Ego-Liebe besprochen habe.

Wenn Menschen mit meinen Werkzeugen ihren Liebeschip umprogrammieren, sind sie immer ganz überrascht, welche Wirkung das auf ihre Freundschaften hat. Der von mir beschriebene Liebeschip-Weg, der auch diesem Buch zugrunde liegt, führt zu einer Bewusstseinserweiterung. Eine Bewusstseinserweiterung heißt, dass das Bewusstsein sich ausdehnt und du einfach mehr wahrnimmst. Das ist ein Prozess, der sich nicht mehr rückgängig machen lässt. Damit bekommt man eine neue Sicht auf die Dynamiken, die man mit seinen Freundschaften hat. Kleiner Spoiler: Man wird sie häufig doch nicht so gut finden. Freunde, die nicht für einen da sind, wenn es einem nicht gut geht, oder wenn, dann nur aus einer Kalkulation, sind einfach keine Freunde.

Aber wir wollen jetzt nicht zurückschauen, wie sieht das Thema »Freundschaft« denn Richtung 5D aus? Ich glaube, es wird ein richtiges Revival von Freundschaften geben. Nicht nur wird man die freundschaftliche Seite in Liebesbeziehungen wieder mehr zu schätzen wissen, auch echte Freundschaften werden sich neu finden. Wenn man erst mal befreundet ist nur um des Menschen willen, nicht, damit man ihn oder sie auf Instagram markieren kann, dann wird da auch ein ganz neuer Wert entstehen. Viele Menschen haben ja immer weniger Freunde, je älter sie werden, weil sie einfach abgetörnt sind von dem ganzen Thema. Der

Freundesbereich braucht wirklich genauso ein Update wie der Beziehungsbereich.

Freundschaft in der griechischen Philosophie

Aristoteles (384–322 v. Chr.) unterschied drei Arten von Freundschaft: Freundschaft aus *Lust*, Freundschaft aus *Nutzen* und die *vollkommene Charakterfreundschaft*. Allein Letztere, die von »tugendhaften Menschen« eingegangen werde, sei von Dauer, da die Arete (gr. *areté* [Tugend]) eine beständige Eigenschaft sei und der Charakter das eigentliche Selbst eines Menschen zeige. Sie sei dadurch gekennzeichnet, dass jeder dieser Freunde den/die anderen um seiner/ihrer selbst beziehungsweise »um des Guten willen« liebt und ihm/ihnen Gutes wünscht. Das schließt natürlich nicht aus, dass man sich dennoch gegenseitig nutzen und Freude schenken kann. Diese dritte Art von Freundschaft, die – so wissen wir – natürlich nicht auf das männliche Geschlecht beschränkt ist, kommt der 5D-Freundschaft am nächsten.[39]

5D-Freundschaften zeichnen sich natürlich auch aus durch ein Fehlen von Eifersucht und Neid. Dazu kommt aber ein Revival momentan scheinbar oft stark vernachlässigter Tugenden wie Verlässlichkeit und Engagement. Wenn man dies nicht leisten möchte, wird man das halt kommunizieren und es bleiben lassen. Es wird hier nämlich nicht mehr gehen, dass man minimalen Aufwand betreibt mit mal einer Kurznachricht hier und da und ansonsten nichts reingibt.

Sicherlich wird auch die Grenze zwischen Freundschaft und Liebesbeziehung nicht mehr so scharf sein müssen. Da Beziehungen freundschaftlicher werden, entstehen da auch neue Überschneidungen. In 3D-Frequenzen empfehle ich die scharfe Trennung, aber das liegt daran, dass viele eben noch sehr mangelbetonte respektive tendenziell toxische Beziehungen geführt werden. Wenn man nicht mehr so im Mangel ist, sind auch Freundschaften zwischen Mann und Frau leichter. Man kann dann trotzdem signalisieren, wenn man mehr möchte. Von der anderen Seite wird es wie schon gesagt auch leichter sein, Liebesbeziehungen in Freundschaften zu überführen, wenn sich das als sinnvoll erweisen sollte.

Was definitiv keinen Zweck hat, ist, Beziehungen wie auch Freundschaften künstlich am Leben zu erhalten, bei denen ihr euch einfach auseinanderentwickelt habt. Oder bei denen die Gesetze der Dualität verletzt werden, die also zu einseitig oder nicht ehrlich genug sind. Auch Freundschaften, die man nur aus Kalkül führt, werden zerbrechen, weil es einfach immer schneller offenbar wird. Wenn du mehr an die allumfassende Liebe angebunden bist, kannst du eh viel leichter allein bleiben und da Sinn draus ziehen, wenn das mal notwendig sein sollte für eine gewisse Zeit.

Ich glaube auch, dass man Bekanntschaften von längerer oder kürzerer Dauer viel mehr wird schätzen können. Vielleicht hatte man nur eine kurze, intensive Begegnung auf der Straße, die einem so viel gegeben hat. Ein Moment innigen Austauschs. Und dann sieht man die Person womöglich nie wieder (in diesem Leben) und weiß: Alles ist gut. Und man freut sich schon auf die nächste verrückte Begegnung. Auch die Grenze zwischen Fremdheit, Bekanntschaft und Freundschaft wird weiter verschwimmen. Hier hält man ebenfalls nicht mehr fest, sondern lässt Menschen kommen und gehen, wie sie wollen. Das Gleiche nimmt man auch für sich in Anspruch!

Höheres Ich und Intuition

Das höhere Ich oder Selbst ist nach meiner Auffassung einfach die 5D-Version unserer selbst, es ist nicht irgendeine entfernte abstrakte Entität, das meint gegebene Größe (mlat. *entitas* [das Sein]). Die Version von uns, die nicht mehr so angst- und mangelfixiert und nicht mehr so stark in dieser Vollnarkose ist, die wir hier in 3D haben. Je höher wir schwingen, desto mehr erinnern wir uns, wer wir sind, und desto mehr Fähigkeiten haben wir.

Kann man sein höheres Ich schon spüren, wenn man noch sehr in der dritten oder vierten Dimension verhaftet ist? Ja. Sogar sehr gut. Dein höheres Ich meldet sich über die Intuition. Die Intuition hat etwas ganz Zauberhaftes. Sie durchschaut Dinge, ohne dass man genau weiß, wie. Daher auch ihr

Name (mlat. *intuitio* [unmittelbare Anschauung]). Die Intuition kennt den kürzesten Weg zum Glück. Sie ist wie ein Navigationsgerät, das immer die richtige Richtung zeigt. Selbst wenn wir uns massivst verfahren haben. Die Intuition hat dabei auch diese gewisse Neutralität. Sie würde sich nie aufregen, nur weil du es nicht »raffst«. Sie sendet einfach immer ihre Signale wie eine Funkboje. Auch in 3D hast du natürlich den freien Willen, du kannst dem Navi folgen, Umwege fahren oder ganz woandershin gehen. Das Navi bleibt cool damit und zeigt einfach immer nur wieder aufs Neue den Weg.

Wenn du starke Gefühle von Angst und Panik spürst, ist übrigens nicht die Intuition die Ursache dafür. Dann sind es einfach Angst und Panik. Nehmen wir mal an, du hast wie ich mit Flugangst zu tun. Wenn da eine innere Stimme ist, die dich förmlich anschreit: »*Neeein!* Steig nicht in das Flugzeug! Du wirst *sterrrben*!«, dann ist es deine (beim Fliegen bekanntermaßen unbegründete) Angst.

Die Intuition ist leise und neutral. Sie hat in der Regel keine Meinung zu Flügen. Wenn sie aber spürt: »Oh, diese Reise ist wichtig für dich, dort wartet eine große Gelegenheit zu lernen, oder du lernst eine wichtige Person kennen – dann spürst du diese leise Aufforderung zum Fliegen. Oder eben genau andersherum. Dein 5D-Bewusstsein hat auch nicht mehr dieses Riesenthema mit dem Sterben. Selbst wenn deine Seele sich einen Flugzeugabsturz als Weg aus dieser Inkarnation heraus gewählt haben sollte, wird deine Intuition dich aus spiritueller Sicht nicht davon abhalten.

Andererseits treibt deine Intuition dich übrigens auch nicht an. Diese innere Stimme, die dich immer weiter pusht, bestimmte Ziele zu erreichen, kommt auch in der Regel aus dem Ego. Was aber nichts Schlechtes sein muss! Man kann nur jedes Mal wieder sagen: Das Ego gehört zu uns dazu. Ohne Ego gibt es kein Dasein auf diesem Holodeck Erde. Es ist aber Zeit, dass das Ego auf den Platz verwiesen wird, der ihm zusteht, und nicht unsere ganze Realität dominiert.

Holodeck Erde

Die aus der »Star-Trek«-Serie bekannten Holodecks sind Räume, die Simulationen und virtuelle Welten mittels holografischer Projektion erzeugen.

Michael Talbot (1953–1992), der amerikanische Autor, etwa vertrat in seinen parapsychologischen Werken die Theorie, unsere Wirklichkeit sei holografischer Natur.[40]

Trotzdem sollte man auch sagen, dass die Intuition *eine* Stimme im Konzert deiner inneren Stimmen ist. Dein höheres Ich lässt dir in deinem 3D-Ich die Freiheit und die letztendliche Verantwortung. Wenn deine Intuition dir krude Dinge sagt, darf durchaus der vorsichtige Kopf und Verstand dagegenstimmen und quasi ein Veto einlegen. Gegenwärtig haben wir meist auch noch nicht die völlige Gewissheit, wann es wirklich die Intuition ist. Da darf man auch mal ein Sicherheitsnetz einweben.

Du solltest deine Intuition immer wieder trainieren, indem du lernst, auf sie zu hören und dich auf sie zu verlassen. Fang gern mit ganz einfachen Sachen an, zum Beispiel bei der scheinbar banalen Entscheidung, wo du heute einkaufen gehst. Selbst wenn man keinerlei Zugang zu Spiritualität und so weiter hat, ist diese Art Intuition doch für die meisten Menschen erfahrbar. So sind wir jedenfalls schon ein kleines Stück weiter in Richtung fünfter Dimension …

Deine 5D-Blase

Natürlich hört sich das alles fantastisch an mit 5D, aber denkst du nicht auch ab und zu, ob das denn realistisch ist? Und wann soll denn das kommen? Das sind sicherlich zwei Fragen, die nicht leicht zu beantworten sind. Nun, nicht wenige dachten ja in diesen Krisenzeiten, jetzt gehe es zack, zack Richtung 5D, weil es jetzt doch möglichst viele kapiert haben müssten. Aber so über Nacht wird das wohl leider nicht kommen. Und schon gar nicht von außen. Wir dürfen und müssen da schon dran mitwirken und tun es wohl auch bereits lange.

Bewusstseinsentwicklung und technischer Fortschritt

Zugebenermaßen haben wir ein sehr wissenschaftlich-materielles Jahrhundert hinter uns. Man kann dazu stehen, wie man will, aber die technischen Fortschritte, die sich ja quasi exponentiell ergeben, sind schon ganz schön drastisch. Und unsere Bewusstseinsentwicklung hat bisher nicht dieses Tempo. Grundsätzlich läuft diese exponentielle Kurve der Technik aber schon auf eine Art Umbruch hin, wo wir uns entweder in die Luft jagen (wovon ich aber nicht mehr ausgehe) oder unser Bewusstsein mitziehen *müssen*. Es geht schlicht und ergreifend nicht mehr anders. Und damit das möglich ist in unserer ganz persönlichen Entwicklung, kommen wir nicht umhin, uns noch offene Wunden oder dunkle Seiten anzuschauen. Sie springen uns geradezu ins Gesicht.

Ich denke persönlich schon, dass Technik und Bewusstsein noch länger nebeneinanderher laufen, aber dass der Fokus von der Technik auch wieder verschwinden wird und wir uns wieder mehr auf unser Inneres und die Natur besinnen. Im Grunde ist ja eh alles Natur, wenn man so will, auch die Technik.

Ich hatte mal eine Art Vision, in der ich eine Erde sah, die nur noch aus Natur bestand, bei der aber im Untergrund quasi unterstützend Technik werkelte. Man konnte da jedoch nichts mehr von sehen, und sie war auch nicht umweltschädlich. Vielleicht tritt das mal so ein!

Aber ich schweife mal wieder ab. Die Frage ist eigentlich irrelevant, weil sie den Fokus wieder nach außen richtet. Das Königreich liegt vielmehr *in jedem von uns* – bereit zum Erforschen. Wir brauchen auch nicht mehr zu warten auf irgendwelche Zeichen – wir können jetzt und hier anfangen, unsere 5D-Blase zu erschaffen. Selbst wenn man absolut nicht an Spiritualität oder irgendeinen Sinn im Leben glaubt, ergibt genau das einfach rein pragmatisch gesehen am meisten Sinn. Und dafür brauchen wir keine Vorbeter, das Leben selbst wird uns immer wieder entsprechendes Feedback geben. Zugegeben, es würde wahrscheinlich mehr Spaß machen, wenn alle Menschen das probierten, aber das liegt ja nicht in unserer Hand.

Wie erschaffst du nun deine 5D-Blase? Nun, vor allem indem du dich in deinem Tempo durch die angesprochenen Meilensteine bewegst. Und dafür musst du eigentlich nur konsequent an deinen Themen arbeiten. Und am meisten Spaß macht es eben bei deinem Liebeschip, also der Art, wie du Beziehungen führst.

Wenn du diese Blase kreieren willst, kommst du nicht umhin, dir deine Wunden anzuschauen und sie zu versorgen, so gut es geht. In der Folge musst du aber auch dein Ego zurücklassen, nicht ganz, aber ein gutes Stückchen. Das Ego passt einfach nicht hinein in 5D!

Was kannst du tun?

Nun kommen wir noch mal detailliert zu einem Aktionsteil, in dem du zusammengefasst lesen kannst, wie du deinen Weg zu 5D zu unterstützen vermagst. Die einzelnen Themen sind dabei nicht immer klar voneinander zu trennen, manches überschneidet sich.

Sich beobachten oder Der innere Flugschreiber

Eine meiner liebsten Übungen Richtung 5D ist der bereits zitierte »Flugschreiber«. Der Flugschreiber ist ja eine Einrichtung in Flugzeugen, die einfach Ereignisse in der Technik und im Cockpit ganz stur registriert. Das macht der Flugschreiber, egal, ob das Flugzeug gerade normal fliegt oder abstürzen sollte. Völlig emotionslos und präzise.

In dieser Weise können wir unser Bewusstsein zu trainieren versuchen. Völlig schnuppe, was du äußerlich, aber noch viel mehr innerlich erlebst, dein neutrales Bewusstsein nimmt's einfach wahr – ohne Bewertung. Letzteres ist der eigentliche Trick dabei. Wenn wir zum Beispiel unser Ego wahrnehmen, was schon echt eine Kunst ist, und dann uns selbst runterputzen dafür, dann bremsen wir uns aus. Wer will schon ständig runtergenudelt werden? Dein eigener Flugrecorder nimmt einfach wahr: »Oh, da war mein Ego gerade angepikst. Oh, am liebsten würde ich jetzt aber austeilen. Oh, ich bin gerade schlimm gekränkt.« Erst mal ohne jede Konsequenz, ohne jede Bewertung, ohne Ungeduld, ohne Emotionen dazu, einfach reines Bewusstsein. Vielleicht fragst du dich, was das bringen soll.

Nun, letztlich geht alle Heilung und Entwicklung vom Bewusstsein aus, das expandiert. Für mitmenschliche Empathie brauchst du dringend Bewusstsein, sonst könntest du gar nicht vorhersehen, welche Konsequenzen zum Beispiel deine Handlungen auch für andere haben. Ohne sich ausbreitendes Bewusstsein hängst du ewig auf deinen blinden Flecken herum, wie willst du da dein Ego in die Schranken verweisen?

Letztlich ist der Aufstieg zu 5D nichts anderes als sich ausbreitendes Bewusstsein.

Auch die Neutralität kann so wunderbar mit dieser Aufgabe geübt werden. Diese wird benötigt, um die Welt des Bewertens anderer und seiner selbst hinter sich zu lassen. Man darf einfach mal Dinge wahrnehmen, ohne sie gleich einzusortieren.

Diesen Flugschreiber lässt du mal, solange du willst, im Hintergrund mitlaufen. Du bestätigst quasi einfach kurz deine vor allem inneren Wahrnehmungen und Regungen. Du übst damit Unvoreingenommenheit und die so wichtige Neutralität.

Sich deidentifizieren von Gedanken, Emotionen und vom Schmerzkörper

Auch diese Übung ist ein absoluter Klassiker. Es empfiehlt sich, die folgenden Sichtweisen in der Meditation zu betrachten.

Es geht darum zu verstehen, dass das, was du wirklich bist, jenseits ist von diesem ganzen Trubel, jenseits von deinem Ego. Du denkst zwar den ganzen Tag, aber du bist nicht deine Gedanken. Du fühlst den ganzen Tag, aber du bist nicht deine Gefühle. Du siehst deinen Körper und den Körper anderer, aber du bist nicht dein Körper. Du bist reines Bewusstsein, so unverständlich das auch erst mal scheinen mag. Du könntest diese Instanz auch wieder den »inneren Beobachter« nennen. Denn das, was du wahrnimmst – Gedanken, Gefühle, Körper –, kannst du doch nicht sein, weil du es ja beobachten kannst. Dadurch, dass du es überhaupt beobachtest, schaffst du eigentlich schon eine Distanz dazu. Letzten Endes bringt dir eine Meditation ja auch nichts anderes.

Besonders wichtig ist es, den Schmerzkörper zu identifizieren, weil der eigentlich nur die ganze Macht hat, wenn du ihn nicht siehst. In dem Moment, da du feststellst: »Oh, ich bin ja gerade im Schmerzkörper« (insbesondere wenn du gerade eher in so einem Wutrausch bist), hast du deinen Kopf praktisch schon aus der Schlinge gezogen. Indem du nicht unbewusst in den Schmerzkörper gehst, wirst du in diesem Moment auch nicht dein Ego so aktivieren.

All dies bedarf Übung, Übung, Übung. Aber nicht so einer Anstrengung, die wieder nur aus dem Ego kommt. Du hast alle Zeit der Welt, gleichzeitig möchtest du auch keinen Moment mehr im Ego verplempern, das wäre so die innere Haltung. Es muss auch nicht immer Meditation sein. Letztlich geht es um ein Gewahrsein im Alltag.

Das Unbewusste: Den blinden Fleck erwarten

Wie wir gesehen haben, ist das Problem mit dem Ego oft folgendes: Es hält sich genau da auf, wo unser blinder Fleck liegt, man könnte geradezu sagen: Es *ist* unser blinder Fleck. Vor allem, wenn es um Inhalte mehr aus der Täter-Richtung geht. Daher wäre es immer gut, offen zu bleiben und auch ein bisschen demütig. Man kennt halt nicht alles von sich selbst. Wir werden uns immer besser kennenlernen, aber es gibt da kein Ende. Deshalb sollte man sich nie pharisäerhaft über andere Menschen erheben. Es kann immer sein, dass man sich selbst für einen riesigen Gutmenschen hält, andere das aber überhaupt nicht so sehen. Das heißt wiederum nicht, dass man kommentarlos die Sichtweise anderer Menschen übernehmen sollte. Es heißt einfach nur, flexibel zu bleiben, zu prüfen, ob auch an Kritik etwas dran sein könnte.

Du solltest jedenfalls stets erwarten, dass es Dinge gibt, die es noch zu entdecken gilt und in denen sich das Ego versteckt hält. Wenn man sich absolut sicher ist, dass man einfach nur ein toller Mensch ist, und das auch noch etwas überheblich denkt, dann ist man wirklich in Gefahr, in 3D-Anteilen zu verbleiben.

Nicht mehr global bewerten

Das ist eine der wichtigsten Übungen. 3D ist im Kern permanente Bewertung von allem. Das Internet und Social Media zeigen extrem viel davon. Es gibt dies natürlich auch im ganz Privaten, aber die Bewertungskultur im Internet macht die Ausweitung erst mal so richtig sichtbar. Unter jedem heiklen Thema gibt es Tausende Kommentare, die voller Bewertungen und (wenn nicht gelöscht) voller Beschimpfungen sind. Alle wissen alles besser, es gibt ganz wenig Empathie, nur globale Bewertungen oder eigentlich Abwertungen.

Nun ist es ein riesengroßer Unterschied, ob man Dinge für sich persönlich ablehnt (»Ich mag keinen Erdbeerjoghurt«) oder ob man globale Bewertungen anlegt (»Jeder, der Milchprodukte isst, ist ein schlechter Mensch«). Das Ego lebt und liebt die Trennung, im Ego scheint es sinnvoll zu sein, andere zu verteufeln, weil einen das selbst (vermeintlich) hochhebt, besser macht, cooler erscheinen lässt. Das Problem ist nur, dass jeder irgendwelche Seiten hat, die man diskutieren kann. Es gibt keine Meinungsoberhoheit, die alles richtig beurteilt. Die Menschen etwa, die »vorbildlich vegan« leben, fliegen vielleicht zu viel – und so fort. Man könnte diesbezüglich so einige Beispiele finden.

Das heißt natürlich nicht, dass alles egal ist, es heißt nur: Wir alle sind auf einem Weg. Wir gehen als Kollektiv. Jeder ist an einem anderen Punkt. Und jeder hat eine andere Realität, aus der er oder sie Entscheidungen trifft. Diese Entscheidungen haben natürlich auch wieder Konsequenzen, aus der Nummer kommen wir einfach nicht raus.

Aufhören, zu kämpfen beziehungsweise zu vernichten

Wenn das Ego gekränkt ist, machen wir echt schlimme Sachen. Vor allem im Beziehungsbereich gehen viele Probleme damit einher, dass einer der Partner tödlich gekränkt ist. Liebesbeziehungen gehen uns halt so nah; und wenn man abgewiesen wird, tut es dreifach weh. Das führt dann im schlimmsten Fall zu Verhaltensweisen, bei denen wir dem anderen bewusst zu schaden versuchen.

Das Ego möchte halt am liebsten immer gewinnen, und wenn das nicht geht, zumindest Genugtuung. Früher duellierten sich Menschen sogar nach »Ehrverletzungen«, wie du sicher weißt. Aber darüber sind wir zum Glück hinweg. Meistens toben sich die Kämpfe heute verbal aus, was aber schlimm genug sein kann.

Wenn du auch im Team »Das Ego kann jetzt gern mal chillen« bist, dann ist eine gute Übung, nicht mehr zu kämpfen. Nicht mehr zu kämpfen um Meinungen zum Beispiel. Du hast deine Sichtweise und andere haben ihre. Kein Grund, sich aufzuregen. Gell? Auch nicht mehr zu kämpfen, dass jemand dich sieht oder dich mag. Was soll da Kämpfen bringen? Du kannst niemanden zwingen, dich zu lieben oder zu mögen. Grenz dich ab, aber mach's »kalt wie ein Ninja«, wie ich immer gern so sage. Wenn jemand deine Grenzen überschreitet, sagst du das ganz emotionslos oder sorgst ohne großes Klimbim dafür, dass so was eben nicht mehr passiert. Mehr ist nicht zu tun.

Allein dieses »Nicht-mehr-kämpfen-« oder sogar »-vernichten-Wollen« ist sehr heilsam für uns und schleift das Ego ab. Es ist auch sehr befriedigend, wenn man auf seiner Reise so sehr in der Autonomie angekommen ist, dass man es einfach nicht mehr braucht, von anderen immer Aufmerksamkeit gezollt zu bekommen oder sie überzeugen zu können.

Ehrlich sein

Der Ehrliche sei immer der Dumme, sagt man. Doch ist das wirklich der Fall? In 3D kann einem das leicht so vorkommen, aber es wird immer weniger stimmen. Wenn du nicht aufrichtig bist, besteht immer die Gefahr, aufgedeckt zu werden. Ist das die Anstrengung oder das Risiko wirklich wert? Letzten Endes zieht man nach dem Gesetz der Resonanz auch wieder an, was man selbst lebt. Wenn du also in Beziehungen unehrlich handelst, musst du dich nicht wundern, dass du dieses Verhalten auch selbst von einem Gegenüber erfährst. Und so dreht sich das Rad immer, immer weiter. Unehrlichkeit sind nicht nur glatte Lügen, sondern auch diese ganzen Auslassungen, die wir machen, all das, was wir nicht sagen.

Mein Rat an alle Klienten und Klientinnen lautet stets: Halte deine Spielfläche sauber. Es ist so leicht, selbst die Fassung zu verlieren, wenn du zum Beispiel in einer toxischen Beziehung provoziert wirst. Es ist aber viel cooler, die Fassung zu bewahren und sich ruhig abzugrenzen. Viele eher koabhängige Menschen quälen sich zudem selbst, wenn sie mal »ausgerastet« sind, und meinen, dann noch viel mehr als Ausgleich ertragen zu müssen. Oder ein Partner rechtfertigt sein eigenes dunkles Verhalten mit den Ausrastern, die du hattest, und das kann auch sehr tricky sein.

Du kannst andere Menschen einfach viel besser einordnen, wenn du selbst klar bist, aber keine Grenzen überschreitest. Und außerdem muss ja mal irgendjemand anfangen mit einem netten Verhalten!

Das heißt aber nicht, dass man sich irgendwie quälen soll. Um wirklich Richtung 5D zu kommen, muss man halt auch liebevoll und mit einer gewissen Neutralität seine eigenen Ecken und Kanten erkunden.

Liebevoll dem Ego anderer nicht nachgeben

Wenn du den Weg aus 3D über 4D zu 5D gehst, wirst du dieses seltsame Phänomen beobachten, das ich schon angesprochen habe: Andere Menschen – oder man könnte auch sagen: andere Strukturen und Systeme (wie zum Beispiel ein Unternehmen) – werden möglicherweise versuchen, dich wieder runterzuziehen. Unbewusst und meist ohne böse Absicht. Das ist einfach der Gang der Dinge, solange es noch so viele 3D-»Basisstationen« gibt.

Wenn du zum Beispiel feststellst: »Oh, mein Freundeskreis hat nicht die Energie, die ich in Zukunft leben möchte«, ist das nicht nur für dich ein schwieriger Prozess, sondern natürlich auch für deine Buddies. Wenn diese vielleicht noch eine Menge mit ihrem Ego zu tun haben, kann das bedeuten, dass sie dich nicht »gehen« lassen wollen. Und dann irgendwas machen, was dich wieder binden soll. Oder sie fordern dich auf, dich wieder an irgendwelchen vermeintlich verbindlichen Regeln zu orientieren (Stichwort »Mafia-Strategie«). Dann geht es darum, standhaft zu bleiben. Genauso, wie man sich nicht wieder in toxische Beziehungen zurücklocken oder -triggern lassen soll. Bleib dabei, geh deinen Weg weiter, aber mach es liebevoll: Lös dich ganz sanft aus dem Griff von 3D, den diese Menschen dann für dich repräsentieren.

Manchmal geht es vielleicht auch etwas ruppiger zur Sache, und irgendwelche »Gegner« oder »Feinde« wollen einfach nicht aufhören zu kämpfen. Dann lass du los, aber lass dich auch nicht ausnutzen oder ausbeuten. Wo wir schon ab und zu über die Bibel gesprochen haben: Bei diesem »Wer euch auf die rechte Wange schlägt, dem haltet auch die andere hin« (Mt 5:44), so wie es allgemein verstanden wird, gehe ich nicht mit. Es wird unter anderem aber auch dahin gehend interpretiert, dass jemand, der durch einen buchstäblichen Schlag ins Gesicht oder durch beißende Worte provoziert wird, sich nicht dazu hinreißen lassen sollte, es ihm gleichzutun und es ihm heimzuzahlen. Vielmehr sollte er versuchen, die Situation zu deeskalieren, wie man heute sagen würde.

Mit anderen Worten: Du musst dich nicht schlecht behandeln lassen, zu keinem Zeitpunkt. Ich denke, du solltest dich nicht ein zweites Mal »schlagen« lassen und auch nicht »zurückschlagen«, aber eventuell weggehen oder vielleicht sogar dein Gegenüber in den Arm nehmen, wenn das intuitiv für dich stimmig ist.

Out of the box und groß denken

Diese Überschrift gilt für alle Lebensbereiche, aber schauen wir mal wieder besonders auf Beziehungen. Wenn du (ohne Schuld natürlich) im Mangel lebst, weil deine inneren Wunden noch nicht genügend geheilt sind, dann ist es fast unmöglich, wirklich hochschwingende, dauerhaft befriedigende Beziehungen anzuziehen. »Fast« unmöglich, weil eigentlich nicht viel wirklich unmöglich ist. Wenn du aber 3D immer mehr loslässt, hast du wirklich allen Grund, groß zu denken und auf bessere Beziehungen zu hoffen, die wirklich *deinen* Bedürfnissen entsprechen. Um das zu gewährleisten, ist es wichtig, dass du wirklich mal *out of the box* denkst, also jenseits der 3D-Beziehungsmodelle. Vielleicht warst du auch deshalb nicht so glücklich in deinen bisherigen Partnerschaften, weil sie vom Modell her deinen wirklichen Wünschen nicht entsprachen. Oder aber – was auch sehr oft vorkommt – deine monogamen Dyaden wurden nicht nach 5D-Regeln gelebt.

Vielfach wird von den Nutzern meines Liebeschip-Programms angenommen, ich wäre strikt gegen offene Beziehungen oder andere moderne Beziehungsformen. Das ist nicht der Fall. Richtig ist aber schon, dass ich nicht empfehle, sich in komplexe Beziehungsmodelle reinzubegeben, solange man noch viele ungeteilte Themen mit Bindungs- und Verlustangst hat.

Wenn man eine Zweierkiste nicht einigermaßen »beherrscht«, sollte man keine Dreierbeziehungen et cetera führen, wie ich schon wiederholt gesagt habe. Sobald du so weit bist – was vielleicht länger dauert, als du denkst –, steht dir diese ganze Welt offen. Du entscheidest, was du vom Buffet isst. Aber du bist frei davon logischerweise, immer nur die 3D-Vorstellungen früherer Gesellschaftserwartungen nachzuleben. Du bist aber natürlich auch keineswegs »verpflichtet«, irgendwelche »modernen« polyamoren Abenteuer auszuprobieren. Die monogame Beziehung hat nicht ausgedient, darf aber auf 5D wachsen. Und das bedeutet: Du kannst dich im Grunde jeden Tag neu erfinden, aber dann auf einer wirklich stabilen Basis.

Dieses »Groß-Denken« ist aber auch eine gute Übung, um seine Schwingung zu erhöhen. Wenn wir aufsteigen in unserer Energie, sind uns einfach viel mehr Dinge möglich. Und schon mal so tun, als wäre ganz viel möglich, und entsprechend zu denken, öffnet auf jeden Fall das Feld, um Resonanzen zu erzeugen und das Gewünschte anzuziehen.

Dein Feld reinigen

Wir alle haben ein Feld, manche sprechen hier von der Aura, das über unsere ganz normale sichtbare Körperlichkeit hinausgeht. Sieh es einfach als den energetischen Ausdruck davon, wie wir hier leben und wie sich dein Leben ganz wörtlich genommen *anfühlt*. Wir denken im Allgemeinen, dass dieses Anfühlen etwas ist, was uns nur ganz persönlich betrifft. Dies ist aber nicht so. Wir sind zwar körperlich in der Regel ziemlich getrennt voneinander, soweit wir das mit bloßem Auge erkennen, doch energetisch sind wir mal gar nicht getrennt. Das nennen wir auch gern ganz korrekt die *»Ausstrahlung«*.

Vielleicht kennst du es ja, dass ein charismatischer Mensch einen Raum betritt und sich die ganze Energie verändert, diese Person den ganzen Raum förmlich einnimmt. Das können sehr schöne Energien sein, aber es ist natürlich auch möglich, mit negativen Energien einen Space zu fluten. Diese Wahrnehmung findet in deinem Feld statt.

Jetzt multiplizier das Ganze mal mit den Menschen in deiner Straße, deiner Stadt, deinem Land. Natürlich sind das minikleine und zum Teil sublime Einflüsse, die aber kumulieren. Dann haben wir das, was im spirituellen Bereich gern »kollektive Energien« genannt wird. Wenn gerade Millionen Menschen Angst vor einer Viruserkrankung haben oder deren Folgen, dann hat das enorme Folgen in dem Feld, das wir alle bilden. Und besonders wenn du sensitiv und offen bist, was ja grundsätzlich etwas Gutes ist, dann spürst du halt diese kollektiven 3D- und 4D-Energien sehr stark. Es ist unheimlich schwer zu wissen, ob das gerade *deine* Gefühle oder die des Kollektivs sind. Um trotzdem auf deinem Weg voranzukommen, ist es vor allem in diesen Zeiten sehr hilfreich, sich immer wieder von solchen kollektiven Energien zu reinigen. Das geht über Meditationen oder einfach ein tägliches Ritual, bei dem du dir eine solche Reinigung bildhaft vorstellst. Eine derartige Selbstfürsorge ist enorm hilfreich.

Überkommene Gelöbnisse loslassen und keine neuen bilden

Das Thema »Gelöbnisse« ist ein sehr weites Feld. Ich glaube, es beeinflusst uns viel mehr, als wir denken. Es gab sicherlich mal Zeiten auf der Erde, in denen diese eine viel größere Rolle spielten als heute. Das haben wir entweder selbst erlebt (falls du an Reinkarnation glaubst), oder zumindest ist es offenbar in unserem kollektiven Unbewussten präsent. Ich denke, dass wir oft noch an diesen Themen hängen. Sie zeigen sich, wenn wir an bestimmten Glaubens- und Verhaltensthemen doch sehr rigide festhalten. Das entspricht nicht dem Weg zu 5D, den wir befreit und ganz frisch in unserer Ursprünglichkeit gehen dürfen. Du darfst Menschen loslassen oder in eine andere Rolle schicken, so das erforderlich sein sollte, auch wenn du mal mit ihnen zusammen warst oder bist. Du darfst das auch, selbst wenn es familiäre Bande gibt, von denen du glaubst, sie nicht gefährden zu dürfen. Du darfst zum Beispiel deine Wahlfamilie gründen.

Auch solltest du keine neuen Gelöbnisse bilden, das ist einfach nicht mehr notwendig. Das heißt keineswegs, dass du nicht zu deinem Wort stehen solltest. Es spielt sich besser alles nur mehr im Hier und Jetzt ab, und es will reflektiert werden, dass man Zusagen auch wieder verändern kann und darf. Das ist die Freiheit, die wir uns hier immer mehr erringen. Diese darf uns nicht weggenommen werden durch zu viele vermeintliche Regeln.

Also mach dich locker, und genieß diese neue Freiheit. Erlaub dir, dich immer wieder neu, aber respektvoll dir selbst und anderen gegenüber zu erfinden.

Verrückte Dinge tun

Dieser Punkt geht in eine ähnliche Richtung wie das *Out-of-the-box*-Denken. Der Tipp ist ja auch schon bekannt aus vielen Memes. Aber es ist einfach auch viel dran. Wenn man seinen Spielraum erweitern will, dann muss man die Wände des Raumes suchen, in dem man sich zu befinden meint. Und man wird fast immer feststellen: Diese Wände existieren nicht. Es gibt nur – da kommen wir nicht raus in der Dualität – Konsequenzen. Ich kann mein ganzes Geld in Urlaube stecken, muss aber akzeptieren, dann erst mal keine Kohle mehr für was anderes zu haben. Aber vielleicht kommt ja neue rein …

Auch hier kann einem letztlich niemand sagen, was man tun soll, dann wäre es ja schon nicht mehr so verrückt. Selbst wenn du machst, was ein Coach, Therapeut oder Freund dir sagt, die Konsequenzen musst du allein tragen, vergiss das nicht. Natürlich heißt verrückt keineswegs, dass man seinen Kopf da raushalten sollte, bevor man sich für so was entscheidet.

In der Verhaltenstherapie beziehungsweise im Selbstbehauptungstraining gibt es die herrlichen Übungen zum Thema »Shame Attack«, also quasi einen Angriff auf die eigenen Schamgefühle. (Kannst du ja mal googeln, wenn du's noch nicht kennst.)

Keine Rauschmittel nehmen

Dazu muss man gar nicht viel schreiben. Wenn du deine Schwingung erhöhen willst, lass die Finger zumindest von regelmäßigem beziehungsweise exzessivem »Substanzmissbrauch«. Drogen senken deine Schwingung, und pass da besonders auf. Dazu gehören natürlich auch stoffungebundene Süchte wie Liebessucht, Internetsucht et cetera – *Detox is King! Or Queen!*

Natürlich heißt das auch, alles für dich Giftige, insbesondere toxische Beziehungen, liebevoll aus deinem Leben zu verbannen. Die Betonung liegt dabei nicht auf »toxisch«, sondern auf »liebevoll«! Mach nicht so ein Riesentamtam davon, wenn du mal eine ungute Beziehung beendest, und vermeide ein endloses Opfer-Denken. Zieh deine Schlüsse und arbeite das Ganze cool für dich ab.

Sich fernhalten von niedrigschwingenden Emotionen

Du kannst dich nur Richtung 5D bewegen, wenn du dich fernhältst vom Täter-Opfer-Kreislauf. Wie wird der Kreislauf aufrechterhalten? Da haben wir ja schon viel drüber gesprochen, man kann es kurz sagen: über Emotionen. Und diese Regungen sind die niedrigschwingenden Emotionen. Wut ist schon etwas schwierig, aber vor allem Hass und Rachegefühle treiben den Kreislauf an und lassen dich leicht zum Täter werden. Es ist immer eine gute Übung, sich in Annahme, Empathie und Mitgefühl zu üben, auch mit den Menschen, die uns übel mitgespielt haben. Ich weiß, das ist für manch einen zu viel verlangt, vielleicht kann man auch einfach starten mit einer gewissen Neutralität. Es ist – wie bei der Flugschreibermethode oben beschrieben – völlig in Ordnung, das Aufkommen negativer Gefühle wahrzunehmen. Man sollte sie aber dann nicht auch noch füttern, sondern lieber einfach nach und nach auslaufen lassen.

Es ist dein Leben!

Was auch immer du tust, denk stets dran, dass es *dein Leben* ist, also auch *dein* Weg, den du gehst. Irgendwie wird der auf jeden Fall mal zum Ziel führen, niemand geht verloren. Die Frage ist nur, wie viele Kurven man noch gehen will und wie viele Umwege. Aber bitte, ehre deinen Weg! Es ist wirklich etwas, was man feiern sollte, weil es so höchst individuell deine ganz eigene Erfahrungskreation ist, und das ist etwas Wunderbares.

Versuch einfach nur, deine Spielfläche sauber zu halten (was nicht immer ganz klar und einfach ist). Dann kannst du eigentlich machen, was du willst. Diese Freiheit, die manchmal schwer auszuhalten ist (weil einem letztlich auch niemand sagt, was man tun soll), ist unser Geburtsrecht! Nutze sie!

Ebenen jenseits von 5D

Wenn wir von 3D, 4D, 5D reden …wie geht es denn dann weiter? Nun, ehrlich gesagt, spielt das, glaube ich, gerade überhaupt keine Rolle. Da gibt es viele oberschlaue Meinungen zu, die uns aber derzeit nicht viel weiterhelfen, wenn wir schon Mühe haben, 5D zu verstehen.

Ich bin ja sowieso der Ansicht, es gibt keine Eile, keine Dimension ist an sich besser. Und wenn wir mal in 5D sind, werden wir da sehr, sehr lange bleiben wollen. Vielleicht gehen wir, wenn wir sterben, in die sechste, siebte, achte Dimension, aber letztlich *wissen* werden das auch die Leute nicht, die daran glauben.

Diese Dimensionskonstrukte sind ohnehin nur »Krücken«. Es ist sicherlich alles wesentlich größer, als wir es mit unserem Verstand erfassen können. Ich persönlich kann mir kaum etwas Schöneres vorstellen als eine entspannte, friedliche, liebevolle, abenteuerliche Körperlichkeit mit dem Bewusstsein der fünften Dimension. Warum sollte man sich etwas anderes wünschen?

Hier in diesem Buch reden wir sicherlich vom Anfang von 5D. Aber je mehr wir da hereinkommen, desto mehr gehen wir sicherlich in Richtung Freiheit, Offenheit, Fülle und Ungebundenheit jenseits aller überkommenen Begrenzungen. Aber gehen wir halt einfach einen Schritt nach dem anderen!

Danksagung

So ein Buch schreibt man natürlich nicht allein, und da kann man einfach nur dankbar sein. An dieser Stelle möchte ich mich zuerst mal bei Stefanie Stahl bedanken. Nicht nur hat sie mich enorm inspiriert auf meinem Weg, inzwischen hat sich durch viele kollegiale Kontakte sogar eine beginnende Freundschaft entwickelt. Und vor allem hat sie mich zu diesem wunderbaren, für mich neuen Verlag gebracht.

Danke auch an den Arkana Verlag für das Vertrauen und die tatkräftige Unterstützung.

Ganz besonders möchte ich hier meiner Community danken, die mich auf unfassbare Weise unterstützt und hinter mir steht. Ohne euch würde es all das hier nicht geben, und mein Weg wäre ein ganz anderer geworden. Ihr seid großartig!

Und natürlich ein dicker Dank an das Universum mit all seinen Helfern, weil es mir ermöglicht, zu dieser spannenden Zeit auf diesem wunderbaren Planeten zu sein. Vieles, was in diesem Buch steht, ist mir förmlich aus der Feder geflossen, ich wusste echt oft nicht, von wo das kam.

Und natürlich am Schluss ein Dank an meine wunderbare Partnerin und meine Familie, die mich immer wieder inspirieren und aufbauen.

Weitere Infos zu mir

Mein umfangreiches Online-Kurs-System, meine Sessions und weitere Informationen rund um die Themen dieses Buches sowie rund um Dating, Beziehung und Liebe findest du hier:

www.liebeschip.de

Folg mir auch gerne auf Social Media:
Youtube.com/hemschemeier
Instagram.com/liebeschip
Facebook.com/liebeschip
Twitch.com/liebeschip
Twitter.com/liebeschip

Meine ersten beiden Bücher:
Der Liebescode, Bielefeld 2019
Vom Opfer zum Gestalter, Bielefeld 2021

Anmerkungen

1 ElitePartner: »Untreue Studie: Für jede vierte Frau beginnt Fremdgehen schon beim Flirten«, 27.10.2020, https://www.presseportal.de/pm/55165/4745560 [abgerufen am 18.11.2021].

2 Sigmund Freud: *Neue Folge der Vorlesungen zur Einführung in die Psychoanalyse*, Wien 1933, S. 103.

3 Siehe hierzu beispielsweise Helmut Hark (Hg.): *Lexikon Jungscher Grundbegriffe. Mit Originaltexten von C. G. Jung*, Olten und Freiburg im Breisgau 1988, passim.

4 C. G. Jung: »Wirklichkeit der Seele«, zitiert nach Toni Wolff: *Studien zu C. G. Jungs Psychologie*, Zürich ^{3}2003, S. 52 f.

5 Vgl. zum Beispiel John Bradshaw: *Das Kind in uns. Wie finde ich zu mir selbst*, München 2018; Stefanie Stahl: *Das Kind in dir muss Heimat finden*, München 2015; dieselbe: *Sonnenkind und Schattenkind*, München 2019. Oder die Websites https://www.psychomeda.de/lexikon/inneres-kind.html, https://de.wikipedia.org/wiki/Inneres_Kind und https://www.spiegel.de/start/inneres-kind-wie-es-helfen-kann-erwachsen-zu-werden-a-0327c7ba-c0d0-47e5-96a0-77c3ff1160b8 [abgerufen am 20.12.2021].

6 Maxime Taquet, Emily A. Holmes und Paul J. Harrison: »Depression and Anxiety Disorders During the COVID-19 Pandemic: Knows and Unknowns«, *The Lancet*, 398 (10312), 2021, S. 1665 f., https://www.thelancet.com/journals/lancet/article/PIIS0140-6736(21)02221-2/fulltext [abgerufen am 20.12.2021].

7 Vgl. zum Beispiel Stefan Blankertz und Erhard Doubrawa: *Lexikon der Gestalttherapie*, Köln und Kassel 2017 (2005), http://www.gestalttherapie-lexikon.de/topdog.htm [abgerufen am 20.12.2021].

8 Vgl. Ingrid Fischer-Schreiber, Franz-Karl Ehrhard, Kurt Friedrichs und Michael S. Diener (Hg.): *Lexikon der östlichen Weisheitslehren. Buddhismus – Hinduismus – Taoismus – Zen*, Bern, München und Wien 1986, S. 63 ff., 203 f.

9 Vgl. zum Beispiel Sue Johnson: *Praxis der Emotionsfokussierten Paartherapie: Verbindungen herstellen*, Paderborn 2010.

10 Vgl. zum Beispiel Yana Kahl: »Was ist Dopamin und welche Funktion erfüllt es? Fragen und Antworten«, Blog, 7.4.2017, https://blog.cognifit.com/de/was-ist-dopamin-funktionen/ [abgerufen am 20.12.2021].

11 Eckhart Tolle: *Jetzt! Die Kraft der Gegenwart. Ein Leitfaden zum spirituellen Erwachen*, Bielefeld 2010.

12 Zur Symbolik der »Heldenreise« vgl. den Klassiker von Joseph Campbell: *Der Heros in tausend Gestalten*, Berlin 2011.

13 Vgl. Hark, a. a. O., S. 79 ff.

14 Vgl. ebenda, S. 84 ff.

15 Vgl. zum Schatten beispielsweise ebenda, S. 145–148.

16 Debbie Ford: *Schattenarbeit. Wachstum durch die Integration unserer dunklen Seite*, München 2011, S. 10.

17 Vgl. zum Beispiel John Bowlby: *The Influence of Early Environment in the Development of Neurosis and Neurotic Character*, London 1940.

18 Vgl. Mary D. Salter Ainsworth: *Infancy in Uganda: Infant Care and the Growth of Love*, Baltimore 1967.

19 Karin Grossmann et al.: »Maternal Sensitivity and Newborns' Orientation Responses as Related to Quality of Attachment in Northern Germany«, *Monographs of the*

Society for Research in Child Development 50 (1–2), 1985, S. 233–256, https://psycnet.apa.org/record/1986-06125-001 [abgerufen am 20.12.2021].

20 Keiko Takahashi: »Examining the Strange-Situation Procedure with Japanese Mothers and 12-Months-Old Infants«, *Developmental Psychology* 22 (2), 1986, S. 265–270, https://doi.org/10.1037/0012-1649.22.2.265, https://psycnet.apa.org/record/1986-19727-001 [abgerufen am 20.12.2021].

21 Max Roser: »Our World in Data. Democracy«, o. D., https://ourworldindata.org/democracy [abgerufen am 20.12.2021].

22 Neven Subotic Stiftung: »Armut – Weltweit auf dem Rückzug?«, o. D., https://nevensuboticstiftung.de/blogs/absolute-armut-weltweit-auf-dem-ruckzug [abgerufen am 20.12.2021].

23 Vgl. James Lovelock: *Unsere Erde wird überleben. Gaia: Eine optimistische Ökologie*, München 1982; ders.: *Novozän. Das kommende Zeitalter der Hyperintelligenz*, München 2020; Lynn Margulis: *Der symbiotische Planet*, Frankfurt am Main 2018 (Neuauflage von *Die andere Evolution*, Heidelberg und Berlin 1999).

24 Vgl. Ross Rosenberg: *The Human Magnet Syndrome. The Codependent Narcisst Trap*, New York 2018, https://www.youtube.com/channel/UC8OgfVyM8u5xhoHTJPa9sOQ, siehe auch https://www.selfloverecovery.com/ [abgerufen am 20.12.2021].

25 Zu sehen beispielsweise in dem folgenden YouTube-Video: https://www.youtube.com/watch?v=YZ_j3sxj8I [abgerufen am 20.12.2021].

26 Siehe zum Beispiel meinen Kurzfilm »Raus aus toxischen Beziehungen – rein ins naisgeile Leben«, 7.9.2019, https://

www.youtube.com/watch?v=f52hU7Qb_cY&t=8s [abgerufen am 21.12.2021].

27 Vgl. Meike Stoverock: *Female Choice: Vom Anfang und Ende der männlichen Zivilisation*, Stuttgart 2021; siehe außerdem Worst Online-Dater: »Tinder Experiments II: Guys, Unless You Are Really Hot You Are Probably Better Off Not Wasting Your Time on Tinder – A Quantitative Socio-Economic Study«, 25.3.2015, https://medium.com/@worstonlinedater/tinder-experiments-ii-guys-unless-you-are-really-hot-you-are-probably-better-off-not-wasting-your-2ddf370a6e9a; Gerrard Brayden: »Why Do Women Have the Upper Hand on Tinder?«, o. D., https://thebolditalic.com/the-two-worlds-of-tinder-f1e34e800db4 [abgerufen am 21.12.2021].

28 Hans-Peter Dürr (Hg.): *Physik und Transzendenz. Die großen Physiker unseres Jahrhunderts über ihre Begegnung mit dem Wunderbaren*, München, Bern und Wien 1988, S. 21.

29 Vgl. Thomas Söding: »Die Muttersprache des Messias«, *Welt und Umwelt der Bibel* 4/2018, http://www.kath.ruhr-uni-bochum.de/mam/nt/soeding_40-41_muttersprache_des_messias.pdf, abgerufen am 21.12.2021; N. N.: »Italien bekommt ein neues Vaterunser«, *Süddeutsche Zeitung,* 28.1.2020, https://www.sueddeutsche.de/panorama/katholische-kirche-vaterunser-1.4775909 [abgerufen am 21.12.2021].

30 Vgl. zum Beispiel Ronald Zürrer: »Reinkarnation im frühen Christentum«, o. D., http://www.wegbegleiter.ch/werke/diverse/gksurchr.htm [abgerufen am 21.12.2021].

31 Fischer-Schreiber et al., a. a. O., S. 327.

32 Vgl. zum Beispiel N. N.: »Die neue Welt kommt«, 17.7.2021, https://www.youtube.com/watch?v=LJA5cxOeUkw&t=865s, abgerufen am 21.12.2021.

33 Diskussion und Überblick zum spirituellen Ego und zum Phänomen des spirituellen Narzissmus: vgl. https://www.spektrum.de/news/yoga-und-meditation-ein-spiritueller-deckmantel-fuer-narzissmus/1938055 [abgerufen am 09.03.2022].

34 Wenn ihr wollt, kuckt euch das spaßeshalber mal auf YouTube an: »John Cage's 4'33«, 15.12.2010, https://www.youtube.com/watch?v=JTEFKFiXSx4 [abgerufen am 21.12.2021].

35 N. N.: »Philosophie im Film-Klassiker ›Matrix‹: Was ist Wirklichkeit?«, *SinndesLebens24. Online-Magazin für den Sinn des Lebens, Philosophie, Glück und Motivation*, 31.8.2019, https://www.sinndeslebens24.de/philosophie-im-film-klassiker-matrix-was-ist-wirklichkeit [abgerufen am 17.12.2021].

36 Hubert Knoblauch: »Zwischen Natur und Kultur: das Subjekt der Nahtoderfahrung und die Grenzen der Konstruktion«, in Karl-Siegbert Rehberg (Hg.): *Die Natur der Gesellschaft: Verhandlungen des 33. Kongresses der Deutschen Gesellschaft für Soziologie in Kassel 2006*, Teilbd. 1 u. 2 Frankfurt am Main 2008, S. 671–684, https://www.deutsche-digitale-bibliothek.de/item/SM3KO2QVSHH6CCQCU3SDLBGZASS2KEJT [abgerufen am 22.12.2021].

37 C. G. Jung: *Erinnerungen, Träume, Gedanken von C. G. Jung*, aufgezeichnet und hg. v. Aniela Jaffé, Zürich und Stuttgart 1962, S. 295–300.

38 Vgl. Barbara Zehnpfennig (Hg.): *Platon: Symposion*, Hamburg 2000, S. 44–57.

39 Vgl. Katharina Los: *Freundschaft bei Aristoteles*, Seminararbeit, Ruprecht-Karls-Universität, Heidelberg 2008, https://www.grin.com/document/278986 [abgerufen am 19.12.2021].

40 Vgl. zum Beispiel Michael Talbot: *Das holographische Universum. Die Welt in neuer Dimension*, München 1992, http://www.vixri.ru/d2/TALBOT_M.%20_Das%20holographische%20Universum.%20die%20Welt%20in%20neuer%20Dimension.PDF [abgerufen am 17.12.2021].